中医基础字词一点通

HANDBOOK OF BASIC WORDS AND PHRASES IN TRADITIONAL CHINESE MEDICINE

本系列主编◎崔永华　傅延龄
本系列副主编◎张立平　张　健

本册主编◎徐　静
编　　者◎徐　静　常　丹
方　静　宋　佳
赵思佳
翻　　译◎贾德贤

北京语言大学出版社
BEIJING LANGUAGE AND CULTURE UNIVERSITY PRESS

来华留学生专业汉语学习丛书

中医汉语系列

编写说明

“来华留学生专业汉语学习丛书”适用于来华学习理工、西医、经贸、中医及相关专业，汉语水平为初级的外国留学生，旨在培养留学生学习理工、西医、经贸、中医及相关专业所急需的听说读写技能，帮助学习者掌握专业汉语的基本词汇、构词法、表达句式，使之顺利地入系接受本科专业教育。

本书为“来华留学生专业汉语学习丛书·中医汉语系列”小辞书。配套录音光盘录有书中全部字词的读音。

在使用中，建议根据汉语水平循序渐进地学习，具体方法如下：

第一步，进入“水平自测”部分，了解自己对中医字词的掌握程度。“水平自测”是全书263个字词的汇总，请逐一认读并标记，标记方法如下：

自测情况	自测等级
完全不认识、不会写	A
认识，但不清楚意思，不能熟练书写	B
认识，清楚基础字义，可以熟练书写	C

如果自测结果A偏多，自测等级即为A；B偏多，即为B；C偏多，即为C。

建议就低估计自己的自测等级，即如果A、B相当，或者虽然B偏多，但是A也很多的话，自测等级定为A。这种就低不就高的自测方法，有利于使基础更加牢固，后续学习效果更好。

第二步，根据自测结果选择学习方法和顺序，具体如下：

自测情况	学习方法
A	只学习字词的读音和书写，不看释义及其他部分，学习后再次自测
B	熟练掌握字词的读音和书写后，学习释义部分，不看例句及注解，或有选择地看例句，但可“不求甚解”
C	认真研读字词释义后，着重学习例句及注解，掌握基础中医古文的行文表达方式，深入了解字词的中医内涵

第三步，随时自测并复习，注意利用书中的“知识拓展”、“词义比较”等小贴士。“知识拓展”是基础字词中医释义的延伸，一般是重要的中医概念或者知识；“词义比较”部分多角度分析、区别近义字词，帮助理解和记忆。

需要特别说明的是，中医的学习需要大量阅读文献，同时需要大量书写、记录，在学习过程中要特别注意书写笔顺。本书限于篇幅，没有标注汉字笔顺，请老师在教授过程中多加指引。

目 录

知识拓展

词义比较

水平自测

分类	细目	词汇
中医特别用词（10个）	—	主、属、合、宜、司、藏、喜、恶、为、家 C A
中医里的哲学（14个）	—	阴阳、金、木、水、火、土、生、克、乘、侮、长、消、标本、中
我们的身体（100个）	头面（13个）	头、面、窍、口、目、耳、鼻、舌、唇、牙齿、龈、咽、喉
	躯体（16个）	身、形、节、筋、肉、颈项、背、胸、腰、腹、胁、肢、甲、毛发、皮肤、腠理
	脏腑（22个）	脏、腑、器、官、心、肝、脾、肺、肾、胆、胃、肠、膀胱、三焦、心包、膈、胞宫、脑、髓、骨、脉、肛
	经络（10个）	经、络、腧、穴、任、督、带、冲、维、跷

续表

分类	细目	词汇
我们的身体	流动的物质（9个）	气、血、精、津液、营、卫、汗、乳、尿
	精神（10个）	神、喜、怒、忧、思、悲、恐、惊、睡眠、梦
	功能（20个）	传、导、运、行、转、化、泌、泄、升、降、宣、统、摄、纳、通、受、盛、濡、润、腐
疾病（87个）	病因（15个）	邪、淫、风、寒、暑、湿、燥、热、毒、虫、痰、饮、食、瘀、劳
	病变（30个）	损、伤、亢、滞、郁、凝、结、停、阻、闭、积、聚、耗、亡、亏、脱、衰、竭、枯、逆、陷、缓、散、乱、败、感染、冒、格、炎、蒸

续表

分类	细目	词汇
疾病	病症（42个）	疾病、症、证、咳嗽、哮喘、呃、嗳、呕、衄、烦躁、闷、悸、谵、疲倦、癫、痫、狂、眩晕、疼痛、痒、痄、痉、麻、木、痹、疮、疖、疔、痈、疡、疹、肿、胀、满、臌、疸、秘、淋、遗、癃、崩漏、瘟疫
诊断和辨证（19个）	诊法（9个）	诊断、望、闻、问、切、象、候、色、苔
	辨证（10个）	辨、论、治、施、纲、表、里、虚、实、夹杂
治疗、护理与养生（33个）	—	医、疗、药、本草、方、剂、针、灸、刺、按摩、推拿、养、法、汗、吐、和、下、温、清、消、补、攻、泻、破、祛、痊愈、利、滋、煎煮、熬、疏通、服、知

中医常用汉字部首

序号	常用部首名称	部首含义及用法	例字
1	月（肉字旁）	肉，多用于身体部位名称	脏、腑、胸、腰、腹、肋胁、肩、肢、皮肤、腠理、肝、脾、肾
2	疒（病字旁）	病，多用于疾病名	疾病、症、疲倦、癫、痫、疼痛、痒、疟、痉、痹、疮、疖、疔、痈、疡、疹、疸、瘫、瘟疫
3	页（页字旁）	头，多用于与头面有关的器官或部位	颈、项、额、颊、颞
4	目（目字旁）	眼睛，多用于与眼睛有关的部位或意义	眩、睡眠
5	忄（竖心旁） 心（心字底）	心，多用于心情或与心有关的词语	悸、忧、惊怒、思、悲、恐
6	艹（草字头）	草，多用于草类植物，中医里常见于中药名	药、草
7	灬（四点火字底） 火（火字旁）	火，多用于与火有关的动作或意义	煎煮、熬、烦躁
8	氵（三点水）	水，多用于与水有关的意义	滋、濡、润、津液、泪、汗、涕、涎
9	口（口字旁）	嘴巴，多用于跟口有关的器官或者动作	咽、喉、咳嗽、哮喘、呃、嗳、呕吐、唾
10	扌（提手旁）	手，多用于与手有关的动作	推、按摩、损、摄

第一篇　中医特别用词

主　属　合　宜　司

藏　喜　恶　为　家

1 主 zhǔ

❶ n. owner, ruler, governor　主人，国君，君主。

（1）心者君主之官。

【译】心脏在人体中的地位和作用，相当于国家的君主。

（2）心者五脏六腑之大主也。

【译】心脏在五脏六腑中是一个处于君主地位的脏器。

❷ v. control, dominate　掌管，掌控，主持。

（3）肾主水液。

【译】肾掌控着人体的水液代谢。

（4）春主生，夏主长。

【译】春天的宇宙之气主宰着万物的发生，夏天的宇宙之气主宰着万物的成长。

❸ v. mainly treat (certain disease)　主治 。如生姜主呕，茯苓主小便不利。

（5）主病之为君。

【译】主治疾病的药就是君药。

❹ adj. main, major　主要的。如主药，主证。

2 属【屬】shǔ

❶ v. belong to　隶属，归属。

（1）肝属木，血属阴。

【译】肝在五行上归属于木，血在阴阳上归属于阴。

（2）诸湿肿满，皆属于脾。

【译】各种水湿停留引起的水肿和胀满疾病，都归属于脾。

❷ n. type, category　种类，类别。

（3）四肢者，诸阳之属也。

【译】四肢，是阳性一类的事物。

（4）地者，阴之属。

【译】大地，是阴性一类的事物。

3 合 hé

❶ v. correspond to　相配，相应，表示两种事物之间的配合或相关关系。

（1）心合脉，肾合骨。

【译】心与脉相应，肾与骨相应。

❷ v. come together, combine　联合，集合。

（2）风、寒、湿三气杂至，合而为痹也。

【译】风、寒、湿三种邪气混杂而侵犯人体，与体内的致病因素相联合就引起痹症。

❸ v. close　闭合，与“开”相对。

（3）目合，则卫气行于里。

【译】眼睛闭上，则卫气从体表进入体内运行。

4 宜 yí

v. be suitable, be appropriate　适宜。

（1）针所不为，灸之所宜。

【译】针刺治疗所不能达到的地方，就是艾灸治疗适宜的地方。

（2）春宜养生，冬宜养藏。

【译】春天适宜保养人体的生长之气，冬天适宜保养人体的闭藏之气。

5 司 sī

v. control, dominate, be in charge of　主管，掌管，把握。

（1）肾司二便。

【译】肾主管着人的大小便。

（2）肺主气，司呼吸。

【译】肺主宰人体的气，主管着呼吸功能。

（3）司外揣内，司内揣外。

【译】把握外在的表现以揣测内在的情况，把握内在的情况以揣度外在的表现。

6 藏 cáng

v. store　内藏，贮藏。

（1）肝藏血，肾藏精。

【译】肝具有贮藏血液的功能，肾具有贮藏精气的功能。

（2）神藏则色藏，神露则色露。

【译】神气内藏则真脏之色也内藏，神气外露则真脏之色也显露于外。

7 喜 xǐ

❶ v. like　喜欢，喜爱。

（1）脾喜燥，胃喜湿。

【译】脾脏喜欢干燥一些的环境，胃喜欢湿润一些的环境。

❷ v. be apt to 多，经常。如喜呕，即多呕。

（2）脏躁，其人喜悲伤欲哭。

【译】脏躁这种病，患者经常感到悲伤想哭。

❸ n./adj. joy; joyful 欢喜，喜悦，七情之一。参见第96字“喜”。

8 恶【惡】è/wù/ě

❶ wù v. hate, dislike, fear 厌恶，不喜欢，害怕。

（1）脾恶湿，胃恶燥。

【译】脾不喜欢湿润的环境，胃不喜欢干燥的环境。

（2）太阳之为病，脉浮，头项强痛而恶寒。

【译】风寒邪气侵犯了太阳经，脉象为浮脉，头部和后项部拘急疼痛而害怕寒冷。

❷ è v. (of efficacy) be restricted or weakened by 中药配伍中，一种药物的性能被另一种药物制约或因之而减弱。如生姜恶黄芩，因为黄芩会减弱生姜的温性。

❸ ě adj. vicious 坏的，不好的，危重的，与“善”相反。如恶疾，即预后（根据经验预测疾病发展情况）很差的疾病；恶候，即预示着疾病将发生危重变化的征象。

❹ ě n. sickness, nausea 症状名，恶心。如呕恶、妊娠恶阻。

9 为【為】wéi

v. be 作为，是。

（1）肺为娇脏。

【译】肺是娇弱的脏腑。

（2）寒为阴邪。

【译】寒邪是阴性的邪气。

10 家 jiā

n. person under a certain category ……的人。如医家，即从事医疗职业、实施医疗行为的人；病家，即生病的人；疮家，即身患疮疡的人。

亡血家，不可发汗。

【译】大量失血的人，不可用发汗的方法去治疗。

第二篇　中医里的哲学

阴阳　金　木　水　火　土　生
克　乘　侮　长　消　标本　中

11 阴阳【陰陽】yīnyáng

n. *yin* and *yang*, *yin-yang*, opposite principles or forces existing in nature and human affairs　阴、阳本义是指山体背阳的一面和向阳的一面，后用来指任何性质相对的两种事物或一种事物中性质相对的两个方面。

（1）阴阳者，万物之根本。

【译】阴阳是所有事物的根本。

（2）春夏养阳，秋冬养阴。

【译】人在春夏要养护阳气，在秋冬要养护阴气。

（3）发热恶寒者，发于阳也；无热恶寒者，发于阴也。

【译】疾病发热而恶寒的，是发于三阳；没有发热而恶寒的，是发于三阴。

知识拓展

阴阳学说

阴阳学说是中国古代哲学的重要内容之一。古代哲学家把宇宙中的万事万物概括为阴、阳两个对立的范畴，并以双方的变化来说明物质世界的运动。一般来说，剧烈运动的、外向的、上升的、温热的、明亮的属阳；

相对静止的、内守的、下降的、寒冷的、晦暗的属阴。以天地而言，天之气轻清为阳，地之气重浊为阴；以水火而言，水性寒而润、向下属阴，火性热而炎、向上属阳。黑夜为阴，白昼为阳；寒冷为阴，温暖为阳；女子为阴，男子为阳。阴阳相互对立，相互依赖，相互转化。古代医家把阴阳学说引入医学，用以说明人体的解剖、生理和病理情况，并指导疾病的诊断、治疗以及养生保健。

Theory of *Yin* and *Yang*

The theory of *yin* and *yang* plays an important role in ancient Chinese philosophy. Ancient Chinese philosophers generally divided everything in the universe into two opposite forces, i.e., *yin* and *yang*; the relationship between them was used to explain the motion of the material world. Generally speaking, things and phenomena showing properties such as being active, external, rising, warm and bright pertain to *yang*, while things and phenomena showing properties such as being static, internal, descending, cold and dim/dark pertain to *yin*. As for the heaven and earth, the heavenly *qi* pertains to *yang* for its light and clear nature, and the earthly *qi* to *yin* for its heavy and turbid nature. With water and fire, water pertains to *yin* for its cold, moist and descending property, while fire pertains to *yang* for its hot and rising property. The night belongs to *yin* and the day to *yang*; the cold belongs to *yin* and the warm to *yang*; the female belongs to *yin* and the male to *yang*. *Yin* and *yang* are in an opposite, interdependent and mutually transformable relationship. The theory of *yin* and *yang* is introduced into traditional Chinese medicine and widely applied in anatomy, physiology, pathology, diagnostics, treatment and health preservation.

12 金 jīn

n. gold, metal　金子，金属。金为五行之一。方位中西方属金，季节中秋季属金，五味中辛属金，人体器官中，肺与大肠属金。

（1）金曰从革。

【译】金的特性是顺从和变革。

（2）金郁泄之。

【译】肺的气机郁滞可以用疏泄的方法治疗。

（3）金胜木，火胜金。

【译】金可以制约木，而火可以制约金。

13 木 mù

n. wood　树木，草木。木为五行之一。方位中东方属木，季节中春季属木，五味中酸属木，人体器官中，肝与胆属木。

（1）木曰曲直。

【译】木的特性是挺直地向上生长和曲折地向外扩展。

（2）木郁达之。

【译】肝气郁结可以用使之通达的方法治疗。

14 水 shuǐ

❶ n. water　水，水液。水为五行之一。方位中北方属水，季节中冬季属水，五味中咸属水，人体器官中，肾与膀胱属水。

（1）水曰润下。

【译】水的特性是滋润和向下。

（2）壮水之主，以制阳光。

【译】采用滋补肾阴的方法，以制约虚阳亢盛。

❷ n. oedema, dropsy　水饮，水肿，是由人体的水液代谢失常，不能排出体外而停留在体内所引起的。

15 火 huǒ

❶ n. fire　火为五行之一。方位中南方属火，季节中夏季属火，五味中苦属火，人体器官中，心与小肠属火。

（1）火曰炎上。

【译】火的特性是炎热和向上。

（2）火胜金，水胜火。

【译】火可以制约金，水可以制约火。

❷ n. internal heat, one of the six *qi* (vital energy)　六气之一。六气的火代表着自然界的阳热之气，它温暖而不亢盛，是维持生命活动的必需条件，称为“少火”；过于亢盛的火就成为“六邪”之一，称为“壮火”、“火邪”，对身体有害。

（3）壮火散气，少火生气。

【译】过于亢盛的火会耗散人体的气，而温煦的火则可以增加人体的气。

（4）火郁发之。

【译】火邪郁闭可以采用发泄、发散的方法。

（5）益火之源，以消阴翳。

【译】采用强壮肾阳的方法，以消除阴寒的弥漫。

16 土 tǔ

n. earth　土为五行之一。方位中中央属土，季节中长夏属土，五味中甘属土，人体器官中，脾与胃属土。

（1）土曰稼穑。

【译】土的特性是播种庄稼和收获五谷。

（2）脾为阴土喜燥，胃为阳土喜润。

【译】脾胃的五行属性均为土，脾是阴土，喜欢干燥的环境，胃是阳土，喜欢湿润的环境。

知识拓展

五行学说

五行学说是中国古代哲学的重要内容。“五”指木、火、土、金、水这五种构成自然界的基本物质元素，“行”指运行和运动，五行即指木、火、土、金、水五类自然事物及其运动。五行之间的基本关系是相生和相克。五行学说被应用到中医学中，主要体现在两个方面:（1）利用五行配属说明人体的整体性以及人与自然界的统一性（详见五行系统表）。（2）利用五行的生、克、乘、侮关系阐述五脏之间相互依存、相互制约的关系。

Theory of *Wu Xing*, the Five Elements

The theory of the five elements is an essential part of ancient Chinese philosophy. *Wu* refers to the five basic elements in the natural world, namely wood, fire, earth, metal and water. *Xing* means motion and movement. So *Wu Xing* actually refers to the five natural matters and their movements. The most fundamental interactions among the five elements are inter-promotion and inter-restraint. This theory has been introduced into traditional Chinese medicine and mainly applied to explain the following aspects: (1) the five *zang*, organs, correspond to the five elements, indicating the unity of the human body and the accordance between man and nature (see the following table of the system of five elements); (2) the theory of the five elements' being mutually promoting, restricting, over-restricting and reversely restricting is applied to explain the inter-dependent and inter-restrictive relationships among the five *zang*-organs.

五行系统表

五行	五方	五色	五味	五季	五气	五声	五化
木	东	青	酸	春	风	角	生
火	南	赤	苦	夏	暑	徵	长
土	中	黄	甘	长夏	湿	宫	化
金	西	白	辛	秋	燥	商	收
水	北	黑	咸	冬	寒	羽	藏

五行	五脏	五腑	五体	五液	五官	五神	五志
木	肝	胆	筋	泪	目	魂	怒
火	心	小肠	脉	汗	舌	神	喜
土	脾	胃	肉	涎	口	魄	思
金	肺	大肠	皮毛	涕	鼻	意	悲
水	肾	膀胱	骨	唾	耳、二阴	志	恐

17 生 shēng

❶ v. generate, grow, promote　产生，发生；促进。五行学说的基本术语之一，描述五行之间相互生发和促进的关系。五行相生的次序是：木生火，火生土，土生金，金生水，水生木。“生我”的为“母”，“我生”的为“子”。

（1）阳生阴长，阳杀阴藏。

【译】阳气生化正常，阴气不断滋长；阳气肃杀收敛，阴气封蛰潜藏。

（2）人参益气生津。

【译】人参具有益气生津的作用。

（3）清气在下，则生飧（sūn）泄；浊气在上，则生䐜（chēn）胀。

【译】清气在下不能升举，就会发生泄泻；浊气在上不能下降，就会产生胀满。

❷ adj. unprepared, raw　生的，未经加工的。如生地黄，生大黄。

18 克 kè

v. restrict, restrain　克制，制约，约束。五行学说的基本术语之一，描述五行之间相互克制和制约的正常的关系。五行相克的次序是：木克土，土克水，水克火，火克金，金克木。“我克”的为“所胜”，“克我”的为“所不胜”。

水火相克，亦相济。

【译】水火之间既可相互制约，又可相互协助。

19 乘 chéng

v. over-restrict, over-restrain　克制太过，即超过正常程度的克制。五行学说的基本术语之一，描述五行之间过度克制和制约的不正常的关系。

气太过，则薄所不胜，而乘所胜也。

【译】（某一脏的）气太过，就会反侮它所不胜的脏腑，而且过度克制所胜的脏腑。

20 侮 wǔ

v. reversely restrict, reversely restrain　欺侮，侮辱。五行学说的基本术语之一，描述五行之间反向的制约和克制的不正常的关系。

气有余，则制己所胜，而侮所不胜。

【译】（某一脏的）气有余，就会制约它所胜的脏腑，并且反向欺侮它所不胜的脏腑。

知识拓展

五行之间的关系

五行学说认为万事万物都是相互关联、相互影响的，五行之间的关系主要可以归纳为相互促进、相互制约两种，即相生和相克。相生、相克关系的平衡，维持着自然界事物之间的协调。超过正常程度的克制（乘），或反向的克制（侮）则会导致不平衡和不协调。

中医学用五行学说的生克乘侮观点来认识和解释人体生命现象，并指导临床诊断和治疗。如肝气疏泄有利于心血的运行，心的阳气推动血可以养脾，这就是木生火，火生土；肾的阴精充足可以制约心火亢烈，肺气肃降可以抑制肝阳上亢，这就是水克火，金克木。肾病传到肝、传到肺，就是母子相及；肝气太过强盛，影响脾胃的消化吸收，叫做木乘土（肝乘脾）；而肝气太过强盛，反过来影响肺的宣降，叫做肝气犯肺（木侮金）。

Interactions among the Five Elements

According to the theory of the five elements, everything in the universe is interrelated and interactive. The interactions among the five elements are mainly inter-promotion and inter-restriction. The balance between inter-promotion and inter-restriction maintains the harmonious coordination among things in the natural world, and over-restriction or reverse-restriction will break the balance and harmony.

Traditional Chinese medicine uses the ideas of promotion, restriction, over-restriction and reverse-restriction under the theory of the five elements to understand and explain human life, and guide clinical diagnosis and treatment. For instance, the smooth movement of the *qi* of liver is beneficial to the movement of the blood of heart and the *yang* energy of the heart drives the blood to nourish the spleen, which are the examples of wood promoting fire and fire promoting earth. Sufficient *yin* essence in the kidneys can restrict the internal heat in heart and the descending of the *qi* of lung can restrain the hyperactive *yang* energy in liver, which are the examples of water restricting fire and metal restricting wood. A kidney problem may affect liver and lungs, which is because of the generating relationship between them. If the *qi* of liver is too powerful, it will affect the digesting and absorbing functions of spleen and stomach, which is called wood over-restricting earth (liver over-restricting spleen). When over-powerful *qi* of liver affects the descending function of lungs, it is called the *qi* of liver invading lungs (wood reverse-restricting metal).

21 长【長】zhǎng/cháng

❶ zhǎng v. grow 生长，成长；增长，与“消”相对。在阴阳学说中，用“长”来描述事物由小到大、由少到多、由弱到强的发展变化。

（1）夏三月，养长之道也。

【译】夏季这三个月，是自然界万物发育成长的时节，人们在养生时应该顺应这个规律。

（2）夏至过后阴气渐长，冬至过后阳气渐长。

【译】夏至这个节气过后，自然界的阴气逐渐增长；冬至这个节气过后，自然界的阳气逐渐增长。

❷ zhǎng n. head, the first 为首的，居第一位的。

（3）风为百病之长。

【译】风邪在所有病邪里是居于第一位的邪气。

❸ cháng adj. long 表示时间、距离或高度较大，与“短”相对。

（4）长则气治，短则气病。

【译】脉象长则提示人体的气血平和正常，脉象短则提示有疾病。

知识拓展

事物的发生与发展过程

任何生物都有一个发生发展的过程。植物的发生、发展过程可以归纳为“生、长、化、收、藏”。生是出生、发生，长是成长、成大；生是从无到有，长是从小到大。生、长的意思相关联，所以常常“生长”并称。化是进一步发展变化，收是收敛、结实，藏是藏纳、收藏。人体的发生发展过程可以归纳为“生、长、壮、老、已”。生是出生，长是长大，壮是进入壮年、壮盛，老是衰老、老化，已是死亡。

The Generation and Development of Life

Any life has its own process of generation and development. The process of the generation and development of plants can be concluded into five phases as generation (*sheng*), development (*zhang*), transformation (*hua*), contraction (*shou*) and storage (*cang*). Generation (*sheng*) means to come into existence, and development (*zhang*) means to grow bigger. Being semantically related, the two are often put together as “*shengzhang*”. Transformation refers to further development and change. Contraction means that the tree is contracting and the nutrient substance is flowing back to the stem and the root, or the substance becomes contracted and solid; and storage means to store the essence in the root. For human body, the process is concluded into birth (*sheng*), growth (*zhang*), prime (*zhuang*), aging (*lao*) and death (*yi*). Birth means a baby being given birth; growth means becoming bigger and taller, etc, during the process of becoming an adult; prime means the time when a person is the strongest and most energetic; aging means the process of getting old; and at the end is death.

22 消 xiāo

❶ v. decline, reduce, lessen　消减，减少，与“长”相对。在阴阳学说中，用“消”来描述事物由大到小、由多到少、由强

到弱的变化。

（1）阴阳消长，理之常也。

【译】阴、阳的消减和增长，是恒常不变的道理。

❷ v. digest　消化。如消谷善饥。

（2）胃热则消谷，消谷故善饥。

【译】胃热则饮食很快消化，饮食很快消化则容易感觉饥饿。

❸ n. diabetes　消渴病。指具有口渴多饮、多食善饥、多尿而肌肉瘦削症状的疾病。

（3）消渴病为肥美之所发也。

【译】消渴病大多是因为进食太多肥腻而甘美的食物所引发的。

❹ n./v. elimination; clear up, dispel, remove　消法，中医治疗八法之一。参见第 250 字“消”。

23 标本【標本】biāoběn

n. essential and nonessential, symptom and root cause of a disease

“标”的本义是树梢，引申为次要的、非根本的；“本”的本义是草木的根，引申为主要的、根本的。“标本”是一对相对的概念，多用以描述两个相对事物的主次关系。

（1）正气为本，邪气为标。

【译】（在疾病的发生过程中）正气是主要的，邪气是次要的。

（2）病有标本。

【译】疾病有次要和主要之分。

（3）知标本者，万举万当，不知标本，是谓妄行。

【译】知道疾病的次要和主要，任何举动都是适当的；不知道疾病的次要和主要，采取行动就是妄动。

24 中 zhōng/zhòng

❶ zhōng　n./adj. center, middle　中央，中间；中间的，中等

的。如中焦、中工。

（1）脾者土也，治中央。

【译】脾的五行属性为土，治理人体的中焦部位。

（2）有病不治，常得中医。

【译】身体有小的疾病而不去医治，其结果相当于获得了中等水平的医治。

❷ zhòng v. hit a target 切中，击中。如中风、中寒、中暑、中病。

（3）药中肯綮，效如桴（fú）鼓。

【译】用药切中疾病的关键，效果立即出现，就好像鼓槌击鼓，鼓声立即响起一样。

第三篇　我们的身体

第一部分　头面

头	面	窍	口	目	耳	鼻
舌	唇	牙齿	龈	咽	喉	

25 头【頭】tóu

n. head　头部。

（1）头者，精明之府。

【译】头部是精气和神明聚集的地方。

（2）头为诸阳之会。

【译】头部是全身阳气会聚的地方。

知识拓展

头面各部位名称

额：脸部眉毛以上、头发以下的部位。

颧：眼的下方、腮的上方，颜面部隆起的部位。

颊：脸的两侧，眼睛以下、下颌以上的部位。

巅：头顶。

颞（niè）：头部两侧靠近耳朵的部位。

腮：面颊，脸的下半部。

颐：同“腮”。

颏（kē）：脸的最下部分，在口的下面，俗称“下巴”。

Parts on the Head or Face

Forehead: the part of the face above the eyebrows and below the hair

Cheekbones: the protruding bones between the eyes and lower cheeks

Cheeks: the parts between the eyes and lower jaw on both sides of the face

Vertex: the top of head

Temples: the parts on both sides of the head close to the ears

Lower cheeks: the lower parts on bilateral sides of the face, called “*sai*（腮）” or “*yi*（颐）” in Chinese

Lower jaw: the lowest part of the face, below the mouth, known colloquially as chin

26 面 miàn

n. face 脸，面部。

（1）心其华在面。

【译】心的荣华和光彩表现在面部。

（2）面垢者，多胃肠有热。

【译】面部油垢的人，胃肠多有火热。

知识拓展

望面色

望面色，是通过观察面部的颜色和光泽来了解身体的情况。面部的颜色主要分青、赤、黄、白、黑五种，称为五色。面部的光泽是指肤色的荣润或枯槁。五色可以是正常的肤色，也可以是疾病时的肤色。一般来讲，青色对应肝，多为寒、痛、风或瘀血；赤色对应心，多为热；黄色对应脾，多为虚和湿；白色对应肺，多为寒、虚或失血；黑色对应肾，多为寒、肾虚、瘀血或水饮。面部的光泽以荣润为好。

Observing the Complexion

Observing the complexion is a way to get to know the health conditions. Clinically, the face may display one of the five colors, blue/green, red, yellow, white and black, and it may be glossy and moist or the opposite. The five colors can be the normal colors of complexion or the pathological ones. Generally, the blue/green color indicates a problem in liver, such as cold, pain, *feng* (wind, one of the disease-causing elements) or blood stasis; the red color indicates a problem in heart, usually caused by heat; the yellow color shows a problem in spleen caused by deficiency or dampness; the white color shows a problem in lung caused by cold, deficiency or loss of blood; and the black color shows a problem in kidney due to cold, deficiency, blood stasis or retained fluid. A face glossy and sleek usually indicates good health.

部　　位	左颊	额	鼻	右颊	颏
对应五脏	肝	心	脾	肺	肾
对应五色	青	赤	黄	白	黑

27 窍【竅】qiào

n. orifice, opening　开口，孔窍。身体有“内窍”，如心窍、肾窍；有“外窍”，如七窍、九窍；有“微窍”，如毛窍（汗孔）。

（1）清阳出上窍，浊阴出下窍。

【译】清阳之气从上部的窍（如眼、耳、鼻、口）而出，浊阴之气从下部的窍（如前后二阴）而出。

（2）肝开窍于目，肾开窍于耳。

【译】肝向体外开的孔窍在眼睛，肾向体外开的孔窍在耳朵。

知识拓展

七窍、九窍

人有两眼、两耳、两鼻、一口，合称为“七窍”，再加上前阴和后阴，合称“九窍”。前阴指阴茎和阴道、尿道，后阴指肛门。中医认为，九窍与五脏密切相关：肝开窍于目，心开窍于舌，脾开窍于口，肺开窍于鼻，肾开窍于耳和二阴。

Seven Orifices and Nine Orifices

We have two eyes, two ears, two nostrils and one mouth. They are called the “seven orifices”. In addition, we also have anterior *yin* and posterior *yin*. The former refers to penis, vagina and urethra, and the latter to anus. Together with the seven orifices mentioned previously, they are called the “nine orifices”. According to Chinese medicine, the nine orifices are closely related to the five organs: liver relates to eyes, heart to tongue, spleen to mouth, lungs to nose, and kidneys to ears and anterior and posterior *yin*s.

28 口 kǒu

n. mouth　口腔，嘴。七窍之一。五脏中口与脾的关系最为密切。

（1）脾开窍于口。

【译】脾向体外开的孔窍是口。

（2）脾气通于口，脾和则口能知五谷矣。

【译】脾的精气通达于口，脾的功能调和，口就能辨别各种滋味。

29 目 mù

n. eye 眼睛。七窍之一。眼睛外面的上下两部分为眼睑，分为上睑和下睑。五脏六腑都和眼睛有着密切的关系，其中肝和眼睛的关系最密切，肝血是视力的基础。

（1）肝开窍于目。

【译】肝向体外开的孔窍是眼睛。

（2）肝气通于目，肝和则目能辨五色矣。

【译】肝的精气通达于眼睛，肝的气血调和，眼睛就能分辨各种颜色。

知识拓展

五轮学说

中医五轮学说认为眼睛的不同部位分别对应于不同的脏腑：瞳孔为“水轮”，对应着肾；黑睛（虹膜）为“风轮”，对应着肝；白睛（巩膜）为“气轮”，对应着肺；两眦（眼角）为“血轮”，对应着心；眼睑为“肉轮”，对应着脾。不同部位的疾病可以从相关的脏腑来考虑治疗。

Theory of Five Orbiculi

Different parts of the eyes correspond to different internal organs. The pupil, called the “water orbiculus”, corresponds to the kidneys; the iris, called the “wind orbiculus”, corresponds to liver; the sclera, called the “*qi* orbiculus”, corresponds to lungs; the canthi, called “blood orbiculi”, correspond to heart; the eyelid, called “flesh orbiculus”, corresponds to spleen. Diseases in different parts of the eyes can be treated by regulating the corresponding organs.

具体位置	瞳孔	黑睛（虹膜）	白睛（巩膜）	两眦（眼角）	眼睑
对应五脏	肾	肝	肺	心	脾
五轮名称	水轮	风轮	气轮	血轮	肉轮

30 耳 ěr

n. ear 耳朵。七窍之一。五脏中耳与肾的关系最为密切。

（1）肾开窍于耳。

【译】肾向外开的孔窍是耳朵。

（2）肾气通于耳，肾和则耳能闻五音矣。

【译】肾的精气通达于耳朵，肾的功能正常，耳朵就能听见各种声音。

（3）耳者宗脉之所聚。

【译】人体主要的脉络都会聚于耳。

知识拓展

耳穴

耳穴就是分布于耳廓上的穴位。因为人体主要脉络都会聚于耳，所以耳与全身的器官组织都有着广泛的联系。当人体的脏腑或者躯体发生病变时，往往可以在耳穴上反应出来。观察这些反应，可以帮助诊断疾病，用耳针、耳豆或按压的方式刺激这些穴位，可以达到防治疾病的目的。

Auricular Points

Auricular points are the acupuncture points on the auricle. The main meridians of the body meet at the ears, thus ears are extensively connected to organs and tissues of the whole body. Different auricular points correspond to different parts of the body. When a problem arises, it can be reflected by the response of a specific point being stimulated. So examining the responses of the auricular points can help diagnose diseases, and auricular acupressure can treat or prevent problems by stimulating the points.

31 鼻 bí

n. nose 鼻子。七窍之一。五脏中鼻与肺和脾的关系最为密切。

（1）肺开窍于鼻。

【译】肺向外开的孔窍是鼻子。

（2）肺气通于鼻，肺和则鼻能知香臭也。

【译】肺的精气通达于鼻子，肺的功能正常，鼻子就能够闻到各种气味。

32 舌 shé

n. tongue 舌头。舌与五脏六腑都有关系，其中与心的关系最为密切。

（1）舌者，心之官也。

【译】心的健康情况可以从舌的变化上反映出来。

（2）心气通于舌，心和则舌能知五味也。

【译】心的精气通达于舌头，心的气血调和，舌头就能品尝出各种味道。

知识拓展

望舌（舌诊）

舌诊是中医望诊的重要内容，也是中医诊断学的一大特色。人体的脏腑、阴阳气血和疾病等，都可以在舌象（舌的表现）上体现出来。中医医生通过观察舌象的变化来判断人体健康和疾病的情况。望舌包括望舌质和舌苔两部分。正常的舌象为淡红舌、薄白苔，不干不湿，不滑不腻，活动灵活自如。舌的分区与不同脏腑相关：舌尖与心相关，舌中间与脾胃相关，舌两边与肝胆相关，舌根部与肾相关。

Observing the Tongue (Tongue Inspection)

Tongue inspection is a very important part of observation (one of the four basic methods of diagnosis in Chinese medicine) and a special feature of traditional Chinese diagnostics. Any changes in internal organs, the balance between *yin* and *yang*, the internal energies and blood can be traced by observing the appearance of the tongue. Doctors of Chinese medicine diagnose the health conditions of patients by observing their tongues. The tongue observation includes observations on the body of the tongue and the tongue coating (fur). A tongue in light red with thin white coating, which is moderately moist and unoily and can move freely, reflects a healthy condition. Different parts of the tongue correspond to different internal organs. For example, the tip of the tongue reflects the changes in heart; the middle part reflects the conditions of the spleen and stomach; the bilateral sides reflect the changes in liver and gallbladder; and the root shows the state of kidneys.

33 唇 chún

n. lip　口唇，嘴唇。五脏中唇与脾的关系密切。

（1）脾其华在唇。

【译】脾的荣华和光采体现在嘴唇上。

（2）唇坚者，脾坚。

【译】口唇结实的人，其脾也坚实。

34 牙齿【牙齒】yáchǐ

n. tooth　五脏中牙齿与肾关系最为密切。古人认为，男子八岁、女子七岁肾气充足，乳牙更换为真牙；男子二十四岁、女子二十一岁肾气充盛，牙齿生长得极其坚固；而随着人体衰老，肾气亏虚，牙齿也就枯槁脱落了。

（1）齿为骨之余，肾主骨。

【译】牙齿是由骨的余气所生成的，而骨的生长靠肾。

（2）肾气盛，齿更发长。

【译】人体的肾气充盛，乳牙更换为真牙，头发生长。

35 龈【齦】yín

n. gum　齿龈，牙龈。观察牙龈的形态、颜色等是了解疾病的一条途径。

龈为胃之络。

【译】足阳明胃经经过牙龈。

36 咽 yān

n. pharynx　咽部。咽是饮食和呼吸之气的通道，与胃关系密切。

咽主通利水谷，为胃之系。

【译】咽部是饮食的通道，系属于胃。

37 喉 hóu

n. larynx, throat　喉咙。喉部是呼吸气体进出于肺的通道，也是发声的器官，与肺关系密切。咽和喉常常并称。

（1）喉主气息出入，为肺之系。

【译】喉咙是呼吸之气出入的通道，系属于肺。

（2）喉为肺之门户。

【译】喉咙是肺的大门。

（3）桔梗主治咽喉不利。

【译】桔梗主要治疗咽喉不适的症状。

第二部分 躯体

身 形 节 筋 肉 颈项 背 胸 腰
腹 胁 肢 甲 毛发 皮肤 腠理

38 身 shēn

n. body 躯干，身体。

（1）阳胜则身热，阴胜则身寒。

【译】阳气偏胜则身体热，阴气偏胜则身体寒。

（2）湿家之为病，一身尽疼，发热，身色如熏黄。

【译】湿邪所导致的疾病，表现为全身疼痛，发热，身体的颜色就像熏黄一般。

知识拓展

躯体各部位名称

肩：手臂与躯体相连接及胸背最上方的部分。

臂：上肢，又称“胳臂”，分为前臂和上臂。

腋：手臂与躯体相连接的下方部分。

肘：前臂和上臂之间的关节部位。

腕：上臂和手之间的关节部位。

手：正面为手掌，中间部分称手心或掌心，背面为手背，前面部分为五个手指，分别是拇指（大指）、食指、中指、无名指和小指。

股：后腰与大腿相连的部分。

腿：下肢，包括大腿和小腿。

膝：大腿和小腿相连接的关节部位，其后方称为“腘”、“腘窝”。

胫（jìng）：小腿，膝关节以下、踝关节以上的部位。

踝（huái）：小腿和足之间的关节部位，外侧称为“外踝”，内侧称为

"内踝"。

足：脚。上面为脚背，下面为脚底，脚底中心部位称脚心，前面部分为五个脚趾。

Different Parts of the Body

Shoulder: the part that connects the arm and the trunk on the top of the chest and back

Arm: also called "upper limb", including the forearm and the upper arm

Armpit: the hollow place underneath the joint between the arm and the trunk

Elbow: the joint connecting the forearm and the upper arm

Wrist: the joint connecting the hand and the arm

Hand: including the palm, the dorsum (back), and the five fingers, i.e., thumb, index finger, middle finger, ring finger and small finger

Buttock/hip: the part connecting the lower back and thigh

Leg: also called "lower limb", including the thigh and the shank

Knee: the joint connecting the thigh and the shank. The back of the knee is called popliteal fossa.

Shank: the part between the knee and the ankle

Ankle: the joint connecting the foot and the shank. The external side is called "lateral malleolus" and the internal side is called "medial malleolus".

Foot: The upper side is called instep, and the underneath is called sole. The part in the middle of the sole is call the center of the sole. There are five toes in the front part of the foot.

39 形 xíng

❶ n. figure 形体，身形。"形"常常和"神"相对而言，两者密切相关。

（1）形不足者，温之以气；精不足者，补之以味。

【译】形体虚弱不足，应该用温阳益气的方法来治疗；阴精不足，应该用厚味来补益填精。

（2）其知道者，能形与神俱。

【译】知道养生之道的人，能够在形体和精神上都保持健康。

❷ n. shape　形状，形态，外形。

（3）心，形如未开莲花。

【译】心脏的形状好似一朵未开放的莲花。

❸ v. appear　表现。

（4）有诸内必形诸外。

【译】身体内部有怎样的情况，外部就会有相应的表现。

40 节【節】jié

❶ n. joint　本义是竹子的节，引申为树的枝干交接的地方以及动物骨骼衔接的地方，后者也称为“骨节”。

（1）诸筋者皆属于节。

【译】所有的筋都连接在骨节上。

❷ v. control　节制。

（2）食饮有节，起居有常。

【译】饮食有一定的节制，起居作息有一定的规律。

知识拓展

时节

“节”的本义是竹子的节，是交接的地方，引申为时节、季节、节气等。当指时节、季节时，常常称做“时”，如“四时”，就是春、夏、秋、冬四个季节。古人又将一年 365 天分为 24 份，称为“二十四节气”，每一个节气内都有一定的气候变化特点。人体与自然界是相应的，所以了解自然界的季节、节气和气候变化规律，对于保健和疾病防治也有一定的指导意义。

Solar Term

Jie originally refers to the joint of bamboo and its meaning is extended to "season" and "solar term". There are four seasons in a year, spring, summer, autumn and winter. Ancient Chinese further divided the 365 days of a year into 24 solar terms. The climate changes differently in each solar term. According to traditional Chinese medicine, human body corresponds to the nature. The understanding of the changes of the seasons, solar terms and climates in the nature helps human beings to preserve health and prevent and treat diseases.

41 筋 jīn

n. tendon 附着在骨头上的韧带。在五脏中，筋与肝的关系最为密切，肝血可以濡（rú）养筋。

（1）肝主筋。

【译】肝主宰身体的筋。

（2）肝气衰，筋不能动。

【译】肝气虚衰，筋就不能自如地活动。

42 肉 ròu

n. muscle 肌肉。在五脏中，肉与脾的关系最为密切，由脾所化生的精气可以充养肌肉。

（1）脾主身之肌肉。

【译】脾主宰身体的肌肉。

（2）久坐伤肉。

【译】长时间坐着会损伤肌肉。

43 颈项【頸項】jǐngxiàng

n. neck　躯干与头部的连接部分，前面为“颈”，后面为“项”，俗称“脖子”。

（1）东风生于春，病在肝，俞在颈项。

【译】春季多风，肝与风相应，故人伤于风，可能内及于肝，并牵连颈项。

（2）太阳之为病，脉浮，头项强痛而恶寒。

【译】风寒邪气侵犯了太阳经，脉象为浮脉，头部和后项部拘急疼痛而害怕寒冷。

知识拓展

人迎脉

颈旁边的颈总动脉搏动，中医称做“人迎脉”，人迎脉对心病的反应最快、最直接。人迎脉数而无力，多为心气不足的表现；人迎脉外露多为心气外泄的征象，预后不良。人迎为足阳明胃经的腧穴，它对胃病的反应也最为直接，若人迎盛，多为胃热。此外，人迎部位为诸多经气汇聚之处，也能反映全身脏腑病变。

Carotid Pulse

The pulsation of the carotid artery is called *Renying Mai* in traditional Chinese medicine, which can reflect heart problems the most quickly and directly. Rapid and weak carotid beating indicates insufficiency of heart *qi*. Over-strong carotid beating indicates discharge of heart *qi*, which hints a coming illness. *Renying* (ST9) locates on the stomach meridian, and most directly reflects stomach problems. If the carotid pulse is flood-like, it often indicates heat in the stomach. Besides, as many meridians meet there, the carotid region can reflect the pathological changes of all the internal organs.

44 背 bèi

n. back of the body　背部。项部以下、腰以上的部位，也可以泛指包括背部、腰部和骶部在内的部位，与胸、腹相对。

背为阳，腹为阴。

【译】从阴阳属性上来讲，背部属阳，腹部属阴。

45 胸 xiōng

n. chest, thorax　胸部，指颈部以下、腹部以上的部分，心肺位于胸中。

（1）胸腹者，脏腑之廓也。

【译】胸和腹是五脏六腑的城廓。

（2）手厥（jué）阴心包络之脉，起于胸中。

【译】手厥阴心包经，起始于胸中。

46 腰 yāo

n. waist, lower back　腰部。肾位于腰部，肾的病理变化常常可以在腰部反映出来。

（1）腰为肾之府。

【译】腰部是肾的府宅。

（2）病在腰者取之腘（guó）。

【译】腰部疾病针灸时常取腘窝处的委中穴。

47 腹 fù

n. abdomen　腹部，胸以下、骨盆以上的部位。人体重要的脏腑如肝、胆、脾、胃、大小肠、肾等都位于腹部。

（1）腹满时减，多属脾寒。

【译】腹部胀满有时减轻，多属于脾虚有寒。

（2）腹满不减，当下之。

【译】腹部持续胀满而不减轻，可以考虑用攻下的方法治疗。

48 胁【脅】xié

n. flank, hypochondriac region, side of the human body from the armpit to the waist “胁”指胸的两侧、肋骨分布的部位，常常“胁肋”并称。肝胆经循行于胁肋，胁肋部位出现的胀满、疼痛等，常常与肝胆病变相关。

（1）邪在少阳，胸胁苦满。

【译】邪气侵犯足少阳胆经，则胸胁部位胀满不适。

（2）肝病者，两胁下痛，引少腹。

【译】肝经有病，两侧胁肋部位疼痛，牵引到小腹。

49 肢 zhī

n. limb 包括上肢和下肢，合称“四肢”。

（1）脾主四肢。

【译】脾主宰着人体的四肢。

（2）清阳实四肢，浊阴归六腑。

【译】清阳之气宣发于四肢，浊阴之气流走于六腑。

50 甲 jiǎ

n. nail 指甲。指甲与肝关系密切，肝的生理或病理状况可以在指甲的形、色、质上反应出来。

肝之华在爪甲。

【译】肝的荣华可以在爪甲上表现出来。

51 毛发【毛髮】máofà

n. hair 汗毛和头发。发与肾和血的关系最为密切。肾精充足，血气旺盛，头发就生长得很好而且有光泽。毛与肺的关系最为密切，肺将人体的精微物质宣散到体表，滋养皮肤和汗毛。

（1）肾其华在发。

【译】肾的荣华表现在头发。

（2）发为血之余。

【译】头发是由血的余气所化生的。

52 皮肤【皮膚】pífū

n. skin　皮，本义是动物带毛的皮；肤，指身体的表皮。中医认为，皮肤与肺的关系最为密切。肺将精气输送到皮肤，营养、滋润皮毛，并抵御外邪的侵入。

（1）肺主身之皮毛。

【译】肺主宰着身体的皮肤和汗毛。

（2）肺输精于皮毛。

【译】肺将精气输送到皮肤和汗毛。

53 腠理 còulǐ

n. skin texture (space between skin texture and subcutaneous flesh)　腠，身体组织间的缝隙；理，皮肤和脏腑的纹理，合称"腠理"，泛指身体组织的纹理，常常特指身体浅表层次的皮肤和肌肉的纹理。

（1）天暑则腠理开，天寒则腠理闭。

【译】天气暑热则腠理开放，天气寒冷则腠理闭合。

（2）清阳发腠理，浊阴走五脏。

【译】清阳之卫气宣发到腠理，浊阴之精则充填于五脏。

知识拓展

人体的不同深浅层次

中医认为，人的身体有深浅不同的层次，外邪侵入机体，也是一个从浅到深的过程。这个层次依次是：毫毛腠理→皮肤→肌肉→脉→筋→骨→髓。治疗疾病，尤其是针灸治疗疾病的时候，要根据邪气或疾病所在的不同深浅位置来治疗。疾病在浅表的时候，就应该及早治疗，否则疾病有可能向深层发展。

Different Layers of the Body

In traditional Chinese medicine, the body has different layers. The exterior pathogens attack the body normally from the outer to the inner, from the superficial to the deeper layers, following the order of hair and superficial tissue, skin, muscle, vessel, tendon, bone and marrow. Treatment, particularly acupuncture treatment, should be given in accordance with the depth of layer where the pathogen or disease is in. If the disease is in a superficial layer, the treatment should be carried out immediately to prevent the disease from developing into a deeper layer.

第三部分 脏腑

脏 腑 器 官 心 肝 脾 肺 肾
胆 胃 肠 膀胱 三焦 心包 膈
胞宫 脑 髓 骨 脉 肛

54 脏【臟】zàng

n. *zang*-organ, such internal organs as heart, liver, spleen, lungs and kidneys 古代写作“藏”，意思是把谷物收藏起来，有隐藏和贮藏的意思。引申为人体的内脏，故写作“臟”。内脏既是隐藏于人体内部的脏器，又是贮藏精气的场所。

（1）五脏者，藏精气而不泻也。

【译】五脏贮藏人体的精气而不外泄。

（2）六腑属阳，五脏属阴。

【译】在阴阳属性上，六腑属阳，五脏属阴。

知识拓展

藏象

“藏”和“象”是一对相对的概念。“藏”隐藏在身体的内部，指内脏；“象”表现在身体的外部，指形象、征象。“象”是“藏”的外在现象，“藏”是“象”的内在本质，现象和本质是高度统一的。所以，中医可以通过观察人体外在的表现和征象来推测人体内在脏腑的情况。这种研究生命本质和现象联系的学说，被称为“藏象学说”，它也是中医学最基本的内容之一。

Theory of Visceral Manifestation

Zang and *xiang* are a pair of opposite concepts. *Zang* refers to the internal organs, which hide inside the body whereas *xiang* is manifested in the outer. *Xiang* is the external manifestation of *zang*, while *zang* is the internal nature of *xiang*. The two show significant unity. TCM practitioners can infer the condition of an internal organ by examining the outside manifestations. The theory that studies the relationship between the nature and phenomenon of life is called the theory of visceral manifestation. It is one of the fundamental components of traditional Chinese medicine.

55 腑 fǔ

n. *fu*-organ, such internal organs as gallbladder, stomach, intestines and bladder　本写作“府”，指收藏文书和财物的地方，也指一般的仓库。引申为人体具有“府”一样功能和特性的内脏，故写作“腑”。包括六腑和奇恒之腑。六腑的主要功能是接受容纳和消化水谷。

（1）六腑者，传化物而不藏也。

【译】六腑传送和消化饮食，而不贮藏饮食。

（2）六腑以通为顺。

【译】六腑以通畅为顺。

56 器 qì

n. container, organ　器物，器皿，引申为具有器物一样特性和作用的人体器官，如心、胆、鼻等。

（1）脾、胃、大肠、小肠、三焦、膀胱者，名曰器。

【译】脾、胃、大肠、小肠、三焦、膀胱，都叫做“器”。

（2）升降出入，无器不有。

【译】（气的）升降和出入运动，在每一个器官都是存在的。

57 官 guān

n. governor, function　本义是官府，引申为具有职责、职能，或承担职责、职能的物或人。

（1）胆者，中正之官，决断出焉。

【译】胆是代表中正之官，不偏不倚，判断事物和作出决定要依赖于胆。

（2）三焦者，决渎（dú）之官，水道出焉。

【译】三焦是疏通水道之官，是人体水液代谢的道路。

（3）心之官则思。

【译】心的职能是思考。

58 心 xīn

n. heart　五脏之一，居于胸中。心在五脏之中最重要，处于主导地位，掌控五脏。心主要有两方面的功能：（1）心主血脉。心推动血液在全身循环。（2）心主神明。心主管人的精神意识、思维和情感活动。

（1）心者，五脏六腑之大主也。

【译】心脏是五脏六腑的主宰者和支配者。

（2）心者，君主之官，神明出焉。

【译】心就像国家的君主一样，主宰人的精神意识和思维情志。

（3）心藏脉，脉舍神。

【译】心藏着血脉，而血脉是心神的物质基础。

59 肝 gān

n. liver　五脏之一，居于右胁部。肝主要有两方面的功能：（1）肝主藏血。肝具有贮藏血液的功能。（2）肝主疏泄。肝具有疏通气机、调畅气血和协助脾胃消化饮食的作用，并对情志有调节功能。

（1）肝藏血，血舍魂。

【译】肝可以贮藏血液，血与人体的精神情志、思维活动密切相关。

（2）主闭藏者肾也，主疏泄者肝也。

【译】肾主藏纳精气，肝主疏泄气机。

（3）肝体阴而用阳。

【译】（肝藏血，血属阴，所以）肝体为阴，（肝的功能是调畅气机，气属阳，所以）功用为阳。

60 脾 pí

n. spleen　五脏之一，居于腹中。脾主要有以下几方面的功能：（1）脾主运化。脾主管饮食物的消化、吸收，并将其转化为气血津液，运送到全身。（2）脾主升清。脾的生理特性以“上升”为主，将精气向上输布，并维持体内脏器位置的恒定。（3）脾主统血。脾可以统摄血液在血脉内运行，而不溢出脉外。

（1）脾胃者，仓廪之官。

【译】脾胃就像人体的粮库。

（2）脾为后天之本，气血生化之源。

【译】脾是人出生以后赖以生存的根本，是气血生成的源泉。

（3）脾宜升则健，胃宜降则和。

【译】脾的生理特性以上升为强健，而胃的生理特性以下降为和顺。

61 肺 fèi

n. lung　五脏之一，居于胸中。肺主要有以下几方面的功能：（1）肺主气，司呼吸。肺主宰人体的气，主管着呼吸功能。（2）肺主宣发与肃降。肺可以调节气的运动，主要包括宣布、发散和清肃、下降两个方面。（3）肺主通调水道。肺的宣发和肃降功能可以疏通水道，调节水液代谢。（4）肺朝百脉主治节。

全身的血脉都会聚于肺，肺对于其他内脏和营卫气血均有一定的调节功能。

（1）肺者，相傅之官，治节出焉。

【译】肺就像辅佐心脏这个君主的丞相一样，协助治理和调节营卫气血。

（2）诸气者皆属于肺。

【译】人体所有的气都归属于肺。

（3）肺为水之上源。

【译】肺是水液代谢的上源。

62 肾【腎】shèn

n. kidney　五脏之一，居于腰部。肾主要有以下几方面的功能：（1）肾藏精。肾贮藏着精气，主宰人的生长、发育和生殖。（2）肾主水。肾主宰人体的水液代谢。（3）肾主纳气。肺所吸入的自然界清气，需要依靠肾的摄纳，从而保持呼吸的调畅。

（1）肾者主蛰，封藏之本，精之处也。

【译】肾主管蛰伏，功能是封闭和贮藏，是人体贮存精气的地方。

（2）肾为先天之本，脾为后天之本。

【译】肾是人体生命活动的源泉，所以被称为“先天之本”，脾是出生以后赖以生存的根本，所以被称为“后天之本”。

（3）肺为气之主，肾为气之根。

【译】人体的气是由肺所主宰的，但是需要借助肾的摄纳才能使呼吸调畅，所以说肾是气的“根”。

63 胆【膽】dǎn

n. gallbladder　六腑之一，附着于肝，与肝相表里（有一种对应关系）。胆主要有以下几方面的功能：（1）贮藏胆汁，并在肝的疏泄下排泄胆汁。（2）主决断。胆在精神意识上有判断和作出决断的能力，与人的勇敢和怯懦相关。

（1）胆者，中正之官，决断出焉。

【译】胆为中正之官，不偏不倚，判断事物和作出决定要依赖于胆。

（2）邪在胆，逆在胃。

【译】胆腑有邪，会引起胃气上逆。

64 胃 wèi

n. stomach　六腑之一，居于剑突下，与脾相表里。脾胃的协同工作，在饮食物的消化吸收过程中至关重要。胃的生理功能主要在于接受、容纳和消化食物。

（1）脾宜升则健，胃宜降则和。

【译】脾的生理特性以上升为强健，而胃的生理特性以下降为和顺。

（2）脾喜燥，胃喜润。

【译】脾喜欢干燥一些的环境，胃喜欢湿润一些的环境。

65 肠【腸】cháng

n. intestine　肠分为大肠和小肠，居于腹中，均属于六腑，分别与肺和心相表里。小肠的功能主要是接受从胃而来的食糜，进行进一步消化，把它们分为精华（清）和糟粕（浊）两个部分。大肠接受经过小肠消化后形成的糟粕部分，吸收其中多余的水分，形成粪便，由肛门排出体外。

（1）小肠者，受盛之官，化物出焉。

【译】小肠的功能主要是接受食糜，将之消化并分为精华和糟粕两部分。

（2）大肠者，传道之官，变化出焉。

【译】大肠是传导消化物的器官，饮食物的部分变化（在大肠）发生。

66 膀胱 pángguāng

n. urinary bladder　六腑之一，居于小腹，与肾相表里。膀胱的主要功能是贮存和排泄尿液。

（1）膀胱者，州都之官，津液藏焉。

【译】膀胱是洲渚之官，尿液贮藏在其中。

（2）膀胱气化不行则小便不利。

【译】膀胱的气化功能下降，就会出现小便不利的症状。

67 三焦 sānjiāo

n. three visceral cavities housing the internal organs　六腑之一，分为上焦、中焦、下焦，功能主要有：（1）人体气升降出入的道路。（2）水液的通道，有运行水液的功能。

（1）三焦者，决渎之官，水道出焉。

【译】三焦是疏通水道之官，是人体水液代谢的道路。

（2）上焦如雾，中焦如沤（òu），下焦如渎。

【译】上焦宣发布散水谷精气，如同雾露蒸腾；中焦腐熟水谷，化生精微，如同浸渍沤物；下焦排泄水液和糟粕，如同沟道水渠。

68 心包 xīnbāo

n. pericardium　是心脏外围的组织，有保护心脏的作用，又称“心包络”。

（1）温邪上受，首先犯肺，逆传心包。

【译】温热邪气侵犯人体，首先侵犯肺，不按正常顺序传变就会陷入心包。

（2）诸邪之在于心者，皆在于心之包络。

【译】各种邪气侵犯心脏，都会首先侵犯到心包络。

知识拓展

脏腑之间的相互联系

中医学认为，脏和腑是一一对应的，有着密切的联系，共同协作完成人体的生理功能。比如，脾和胃，胃接受和容纳饮食物，而脾则消化饮食物、吸收并运送精微物质；肾和膀胱，肾主宰水液的代谢，水液代谢后形成的尿液则贮存在膀胱中，再排出体外；肝和胆，胆汁贮藏在胆囊内，借助于肝的疏泄作用排出胆囊，进入消化道帮助消化；大肠与肺，饮食物消化后形成的糟粕部分在大肠内形成粪便，依靠肺的肃降作用排出体外。

不仅脏腑之间是分工合作的，脏与脏之间、腑与腑之间也是密切协作的，共同来完成人体的所有生理功能。

The Relationship between *Zang* and *Fu* Viscera

Zang and *fu* viscera are in a relationship of one-to-one correspondence. They are closely related to one another, and work together to accomplish physiological functions. For example, as to stomach and spleen: stomach receives and stores foods and drinks, and spleen digests, absorbs and transports nutritious substances. As to kidneys and bladder, kidneys control the metabolism of water and fluid, and the metabolized water, urine, is stored in urinary bladder and then expelled from the body. For liver and gallbladder, bile is stored in gallbladder, but is discharged out of gallbladder with the help of liver; for large intestine and lungs, though feces form in large intestine after foods are digested, defecation is done due to the descending function of lungs.

Zang and *fu* work individually and cooperatively, so do *zang* and *zang* viscera, and *fu* and *fu* viscera. Together they accomplish all the physiological functions of the human body.

69 膈 gé

n. diaphragm　膈膜。胸腔和腹腔之间的肌肉膜，也称做“横膈膜”。

心肺独居膈上。

【译】心和肺处在膈上。

70 胞宫 bāogōng

n. uterus　奇恒六腑之一，居于小腹，又称“女子胞”、“子宫”。胞宫是产生、排泄月经和孕育胎儿的器官，与肾、冲脉、任脉的关系最为密切。

痰壅（yōng）胞宫，多致不孕。

【译】痰湿壅阻子宫，常常会导致不孕。

71 脑【腦】nǎo

n. brain　奇恒六腑之一，居于颅腔内，又称“髓海”。脑的功能主要是主宰和产生精神意识和思维活动。

（1）脑为元神之府。

【译】脑是元神居住的地方。

（2）肾藏精，生髓通脑。

【译】肾贮藏精气，精气可以化生髓而通于脑。

72 髓 suǐ

n. marrow　奇恒六腑之一。包括脑髓、脊髓和骨髓，都与肾密切相关。

（1）骨者，髓之府。

【译】骨是髓的府宅。

（2）髓海不足，则脑转耳鸣，胫酸眩冒。

【译】髓海不充足，就会出现头晕旋转、耳鸣、胫骨酸软无力、视物模糊的表现。

73 骨 gǔ

n. bone　奇恒六腑之一。骨是人体的支撑系统，与肾的关系最为密切。

（1）肾主骨。

【译】肾主宰人身的骨骼。

（2）久立伤骨。

【译】过长时间站立会对骨头产生伤害。

74 脉【脈】mài

❶ n. blood vessel, meridian 奇恒六腑之一。血脉，脉管，是气血运行的通道。脉也有经脉的意思。

（1）脉者，血之府也。

【译】血液在脉管中运行，脉管是血液的府宅。

（2）肺朝百脉，输精于皮毛。

【译】全身的血脉都朝会于肺，肺将精气输散到皮毛。

（3）肺手太阴之脉，起于中焦，下络大肠。

【译】手太阴肺经的经脉，发起于中焦，向下则与大肠相联络。

❷ n. pulse 脉搏，脉象。心气推动血液在脉管中运行，引起血脉搏动，形成脉搏。血脉搏动表现出来的形象称为“脉象”，可以反映人体不同的生理和病理状况。

（4）浮脉为表，沉脉为里，迟脉为寒，数脉为热。

【译】浮脉提示疾病病位浅在肌表，沉脉提示疾病病位深在内里，迟脉提示疾病性质属寒，数脉提示疾病性质属热。

（5）善诊者，察色按脉，先别阴阳。

【译】善于诊察疾病的医生，观察病人的颜色，切取病人的脉象，先分别病证的阴阳。

75 肛 gāng

n. anus 肛门，又称做“魄门”，肛门是消化道最末端的开口。

第四部分　经络

经	络	腧	穴	任
督	带	冲	维	跷

76 经【經】jīng

❶ n. meridian　经脉。经是经络系统的主要干线，直行于人体的深层，是气血运行的主要通道。“经”与“络”统称“经络”（详见“知识拓展”部分的“经络系统图”）。

（1）十二经脉者，内属于脏腑，外络于肢节。

【译】十二经脉向内连属于五脏六腑，向外络属于肢体关节。

（2）经脉者，所以能决死生，处百病，调虚实，不可不通也。

【译】十二经脉是判决生死、处理各种疾病、调节人体虚实的依据，医生必须通晓。

❷ n. menstruation　月经，又称“经水、月事”。

（3）月经先期多为热，月经后期多为寒。

【译】月经提前到来多属于热证，月经延后到来多属于寒证。

❸ n. classic　规范，常法，也指被奉作典范的书籍，如经典、内经、外经。中医四部经典指的是《内经》、《伤寒论》、《金匮要略》和《神农本草经》。

（4）以经解论，以论证经。

【译】用《内经》的理论来解释《伤寒论》的病症，用《伤寒论》的病症来证明《内经》的理论。

77 络【絡】luò

❶ n. collateral channel, superficial vessel　络脉。络是从经脉上分出的较小分支，犹如网络横斜交错，也是经络系统的主要部分。络有时也指身体浅表的血管。

（1）学医不知经络，开口动手便错。

【译】学医不了解经络学说，开口说话、动手治疗就容易犯错误。

（2）邪在于络，肌肤不仁；邪在于经，即重不伸。

【译】风邪侵犯络脉，肌肤麻木不知冷热痛痒；风邪侵犯经脉，肢体沉重难以伸展。

（3）视其血络，刺出其血。

【译】观察身体浅表的血管，刺出里面的血。

❷ v. connect　连系，联络。

（4）肝足厥阴之脉属肝络胆，肾足少阴之脉属肾络膀胱。

【译】足厥阴肝的经脉属肝而联络于胆，足少阴肾的经脉属肾而联络于膀胱。

知识拓展

经络学说

经络学说是中医基础理论的重要组成部分。如果说脏腑是人体气血生化的源泉，经络就是人体气血运行的通道，二者是不可分割的整体。人体的经络系统主要包括经脉和络脉两部分，它沟通内外、贯穿上下、联系前后左右、网络周身，将人体的筋、脉、肌、皮、五官、九窍等以内在的五脏六腑联成了一个统一的整体。经络学说不仅解释人体的生理、病理，还可以用于临床诊断，而药物、针灸、推拿、气功等各种不同的治疗方法也都是以经络学说作为指导的。

Theory of Meridians and Collaterals

The theory of meridians and collaterals is an essential part of the basic theories of traditional Chinese medicine. *Zang* and *fu* viscera generate *qi* and blood, and meridians and collaterals are the circulation channels of *qi* and blood. They are an interdependent and united whole. The system of channels mainly includes meridians and collaterals, by which the *zang* viscera are connected to *fu* viscera, the inner to the outer, the upper to the lower, the anterior to the posterior and the left to the right, joining together the internal organs, tendons, vessels, muscles, skin, sense organs and orifices etc. into a whole system. The theory of meridians and collaterals is not only applied to explain the physiological and pathological mechanism, but also used for clinical diagnosis. Medicine and different ways of treatment, such as acupuncture, massage and *qigong* also take this theory as an important guiding principle.

经络系统图

经络系统

- 经脉
  - 十二经脉——“伏行于分肉之间，深而不见”（也称十二正经）。
  - 十二经别——别出的正经，加强十二经脉的联系。
  - 奇经八脉——纵横交叉于十二经脉之间，联系、总管和调节。
- 络脉
  - 十五络——主要的大络脉。
  - 孙络——络脉的细小分支。
  - 浮络——孙络中浮现而能见的。
- 其他
  - 十二经筋——十二经脉连属的筋的总称，与运动密切相关。
  - 十二皮部——经络系统在表皮的部分，对机体有保卫作用。

78 腧 shù

n. acupoint 腧穴，也写做“俞、输”。广义的腧穴即穴位，参见第 79 字“穴”。狭义的腧穴包括背俞（腧）穴、五腧穴和五腧穴中的第三穴。

(1) 治脏者治其俞，治腑者治其合。

【译】治疗五脏的疾病要取五腧穴中的第三穴，治疗六腑的疾病要取下合穴。

(2) 心俞在五椎之旁，肾俞在十四椎之旁，皆挟脊相去三寸。

【译】心俞在第五胸椎向旁开三寸，肾俞在第二腰椎旁开三寸。

(3) 经气所注为输。

【译】经络的经气渐盛，像水流灌注，称做输。

79 穴 xué

n. acupoint　又称“腧、穴位、穴道、气穴、孔穴”等。穴是人体经络气血输注出入于体表的特殊部位，是针灸、推拿等治疗的主要施术部位。

余闻气穴三百六十五，以应一岁。

【译】我听说人体的穴位有三百六十五个，与一年有三百六十五天相应。

知识拓展

穴位的分类

穴位包括经穴（十二正经和任督二脉上的穴位）、经外奇穴（不归属十四经但有特定疗效的穴位）、阿是穴（病症在体表的反应点）和耳穴。通过诊察穴位，可以了解人体的病理变化，而用针、灸、按摩、药物注射等方法刺激穴位则可以调节脏腑功能，达到治疗疾病的目的。

The Classification of Acupoints

Acupoints are classified into meridian points (the points on the twelve regular meridians and the points on the conception meridian and governor meridian), extra points (points with specific effects but not on the fourteen meridians), *ashi* points (the responsive points on the body surface reflecting internal problems) and auricular points. Observing the acupoints could help learn the pathological changes of the body, and by stimulating the corresponding acupoints (e.g., acupuncture, moxibustion, massage and injection) could regulate the functions of internal organs and treat or prevent diseases.

80 任 rèn

n. conception vessel, conception meridian 任脉，奇经八脉之一。任脉起于胞中，循行于人体的前正中线上，主持全身的阴脉。

（1）任为阴脉之海。

【译】任脉是全身的阴脉汇聚的地方。

（2）冲为血海，任主胞胎。

【译】冲脉是血汇聚的地方，任脉与妊娠怀胎密切相关。

81 督 dū

n. governor vessel, governor meridian 督脉，奇经八脉之一。督脉起于胞中，循行于人体的后正中线上，主持全身的阳脉。

（1）督为阳脉之海。

【译】督脉是全身的阳脉汇聚的地方。

（2）督脉为病，脊强反折。

【译】督脉发生疾病，可能出现脊柱强直、角弓反张的情形。

82 带【帶】dài

❶ n. *dai* meridian, belt vessel 带脉，奇经八脉之一。带脉起于季胁部，像腰带一样围绕身体一周，对人体纵行的经脉具有约束的作用。

（1）带之为病，腹满，腰溶溶如坐水中。

【译】带脉发生疾病，腹部胀满，腰部发冷,就像坐在水中一样。

❷ n. leucorrhea, vaginal discharge 白带。古代又以“带下”指妇科病。

（2）带下俱是湿病。

【译】妇女的白带病都是湿邪所导致的。

（3）扁鹊过邯郸，闻贵夫人，即为带下医。

【译】名医扁鹊经过邯郸城，听说当地人重视妇女，就做妇科医生。

83 冲【衝】chōng

❶ n. *chong* meridian, thoroughfare vessel 冲脉，奇经八脉之一。冲脉起于胞中，循行有上行和下行的分别，在经脉上与肾经和胃经关系比较密切。

（1）冲脉者，为十二经之海。

【译】冲脉是十二经气血汇聚的地方。

（2）冲脉者，五脏六腑之海也，五脏六腑皆禀焉。

【译】冲脉汇聚五脏六腑的气血，而五脏六腑也禀受冲脉所贮藏的精血。

❷ v. mediate, offset 调和，冲和。

（3）气血冲和，百病不生。

【译】气血调和，各种疾病都不会发生。

84 维【維】wéi

n. *wei* meridian, link vessel 维脉，包括阴维脉和阳维脉，也属于奇经八脉。阴维脉和阳维脉的作用，分别是维持手足三阴经和手足三阳经之间的相对平衡。

85 跷【蹻】qiāo

n. *qiao* meridian, heel vessel 跷脉，包括阴跷脉和阳跷脉，也属于奇经八脉。阴跷脉和阳跷脉与人体的运动相关，分别主管身体阴侧和阳侧的运动。

第五部分 流动的物质

气 血 精 津液

营 卫 汗 乳 尿

86 气【氣】qì

❶ n. *qi,* vital energy 本义是空中浮动的云气，泛指所有流动的微细物质，通常是肉眼不可见的，以及能使事物变化的力量。如风气、寒气、春气等。古人认为，气是构成世界的基本物质，宇宙间的一切事物都是由气的运动和变化产生的。中医学认为，气是构成人体和维持生命活动的基本物质。

（1）春气温和，夏气暑热，秋气清凉，冬气冰冽，此则四时正气之序也。

【译】春天气候温和，夏天气候暑热，秋天气候清凉，冬天气候寒冷，这是四个季节正常的气候次序。

（2）地气上为云，天气下为雨。

【译】地上的气上升就变成云，天上的气下降就变成雨。

（3）壮火散气，少火生气。

【译】过于亢盛的火会耗散人体的气，而温煦的火则可以增加人体的气。

（4）阳气者，精则养神，柔则养筋。

【译】阳气温养神气则精神爽慧，温养筋脉则活动自如柔软。

（5）肝气虚则恐，实则怒。

【译】肝气虚则容易感觉惊恐，肝气实则容易发怒。

❷ n. property 药物的寒热温凉性质。根据中医学的认识，中药具有寒、热、温、凉四种不同的性质，称做“四气”。

87 血 xiě

n. blood　由水谷精微所化生而成的一种红色液体物质，有营养和滋润全身的作用。

（1）气为血之帅，血为气之母。

【译】气是血的统帅和指挥官，而血是气的母亲和载体。

（2）肝受血而能视，足受血而能步。

【译】肝得到血的濡养，眼睛才能看东西；脚得到血的濡养，才能够走路。

（3）心主行血，肝主藏血，脾主统血。

【译】心掌控血液运行，肝负责贮藏血液，脾负责统摄血液在脉管里运行。

88 精 jīng

n. vital essence　本义是经过挑选的上等白米，引申为精华、精粹。中医认为，人体的精是具有生命活力的精微物质，是构成和维持人体生长、发育和生殖的精微物质。精有“先天之精”和“后天之精”之分，前者来源于父母，后者来源于脾胃。

（1）夫精者，身之本也。

【译】精是身体的根本物质。

（2）藏于精者，春不病温。

【译】保藏身体精气的人，春天不会患温病。

（3）肾者主水，受五脏六腑之精而藏之。

【译】肾掌管水液，接受五脏六腑的精气而贮藏它。

89 津液 jīnyè

n. body fluid　人体内一切正常水液的总称，“津”是其中的清稀部分，“液”是其中的稠厚部分，津和液常常相互转化，所以往往“津液”并称。津液具有濡养和滋润身体、补充血液等作用。

（1）肾者水脏，主津液。

【译】肾是人体的水脏，它掌控津液的代谢。

（2）故五脏六腑之津液，尽上渗于目。

【译】五脏六腑的津液都通过体液循环系统，共同发挥对眼睛的营养作用。

90 营【營】yíng

n. nutrient *qi* 营气，简称“营”。营有两层含义：一是营养，营气是血液的重要组成部分，具有营养的作用；二是营运、运行，营气在血脉中运行不休。

（1）营行脉中，卫行脉外。

【译】营气在脉管中运行，卫气在脉管外运行。

（2）营者水谷之精气，卫者水谷之悍气。

【译】营气是水谷之气中轻柔而富含营养的部分，卫气是水谷之气中捍卫身体之气的部分。

91 卫【衛】wèi

❶ n. defensive *qi* 卫气，简称“卫”。卫气在脉外运行，有防御外邪、保卫人体的作用。

（1）卫气者，所以温分肉，充皮肤，肥腠理，司开合者也。

【译】卫气，具有温养肌肉、充养皮肤、灌溉腠理、掌管气孔开合的作用。

❷ v. protect, guard 保卫，卫护。

（2）阳者，卫外而为固也。

【译】阳气护卫着人体的外表，使之坚固、致密。

92 汗 hàn

❶ n. sweat, perspiration　汗液。中医认为汗与心相关。

（1）阳加之阴谓之汗。

【译】汗是阳气蒸动、阴液外泄的表现。

（2）自汗气虚，盗汗阴虚。

【译】自汗多是气虚，盗汗多是阴虚。

❷ n./v. method to induce perspiration; induce perspiration　中医治疗八法之一，指通过发汗的方法解除身体肌表的邪气，称做“汗法”，适用于邪气在肌表的情况。

（3）其在皮者，汗而发之。

【译】邪在表皮的，可以采用发汗的方法来发散。

知识拓展

五液

中医将人体的泪、汗、涎、涕、唾五种液体合称为“五液”，认为五液与五脏的关系最为密切，为五脏所化生。具体说来，肝在液为泪，心在液为汗，脾在液为涎，肺在液为涕，肾在液为唾。其中涎与唾都属于由口腔而出的液体，较黏稠者为唾，较淡薄者为涎。

Five Kinds of Body Fluid

The tear, sweat, drool, snivel and spittle are called the “five kinds of body fluid” in traditional Chinese medicine. The five kinds of body fluid are believed to be closely related to and generated by the five *zang*-viscera. Specifically speaking, liver produces tear, heart produces sweat, spleen produces drool, lungs produce snivel and kidneys produce spittle. Drool and spittle are both secreted from the mouth. The thinner saliva is called drool, and the thicker saliva is called spittle.

93 乳 rǔ

❶ n. breast, milk　乳房，乳汁。

（1）经、孕、产、乳，无不以血为本。

【译】妇女的月经、孕育胎儿、分娩、产生乳汁，都需要以血液为根本。

❷ v. breastfeed　哺乳。

（2）食后不可与乳，乳后不可与食。

【译】给婴儿喂食以后不可立即哺乳，哺乳以后不可立即喂食。

94 尿 niào

❶ n. urine　尿液，小便。尿液的产生主要依赖肾和膀胱的气化，与肺、脾、三焦也有密切关系。

（1）身黄……若不尿，腹满加哕（yuě）者，不治。

【译】黄疸……如果患者无尿，腹部胀满，而且还出现呃逆，这样的病例不再可能治愈。

❷ v. urinate　排尿。

（2）病不尿，腹满而哕者难治。

【译】患者若不排尿，伴有腹部胀满、呃逆，这样的疾病难以治疗。

第六部分 精神

神 喜 怒 忧 思

悲 恐 惊 睡眠 梦

95 神 shén

n. spirit, mind 狭义的“神”指人的精神意识、情感和思维活动，由心所主；广义的“神”指一切生命活动及其外在表现。脏腑功能正常而协调，人体的精和气血充足，神就充足。中医学常用神的盛衰来判断人体的健康状况、疾病的轻重及预后。

（1）得神者昌，失神者亡。

【译】有神生命就昌盛，没有了神则预示生命将要灭亡。

（2）凡刺之真，必先治神。

【译】大凡针刺治疗的真谛，就是必须先调治患者的神。

（3）粗守形，上守神。

【译】粗劣平庸的医生在诊察疾病的时候只看到形体，而上等的医生更重视的是神。

96 喜 xǐ

❶ n./adj. joy; joyful 欢喜，喜悦，七情之一。喜与心的关系最为密切，过度的欢喜也可能损伤心的气血。

心在志为喜，大喜伤心。

【译】喜与心的关系最为密切，但是过度的喜也可能造成对心的损害。

❷ v. be apt to 喜爱，引申为多见，常见，容易出现，频繁发生。参见第7字“喜”。

97 怒 nù

n./adj. anger; angry 发怒，愤怒，七情之一。怒与肝的关系最为密切，大怒伤肝。

（1）肝在志为怒，大怒伤肝。

【译】怒与肝的关系最为密切，大怒可能伤肝。

（2）怒则气上。

【译】发怒则肝气向上冲逆。

98 忧【憂】yōu

n./adj. worry; worried 忧虑，忧愁，七情之一。忧与肺的关系最为密切，过度的忧虑可能伤肺。

（1）肺在志为忧，忧伤肺。

【译】忧伤与肺的关系最为密切，悲忧会伤肺。

（2）忧愁者，气闭塞不行。

【译】忧愁的人，气机闭塞而运行不畅。

99 思 sī

n./v. thinking; think 思虑，思考，想念，七情之一。思与脾的关系最为密切，过度的思虑有可能损伤脾的运化功能。

（1）脾在志为思，思伤脾。

【译】思与脾的关系最为密切，过度的思虑会伤脾。

（2）思则气结。

【译】思虑太多则气郁结。

100 悲 bēi

n./adj. sorrow; sorrowful 悲伤，悲忧，七情之一。悲与肺的关系最为密切，过度的悲伤也可能伤肺。

（1）悲则气消。

【译】悲伤则气消减而下沉。

（2）心气虚则悲，实则笑不休。

【译】心气虚弱可能常常出现悲伤的情绪，而心气过于旺盛又可能经常笑个不停。

101 恐 kǒng

n./adj. fear; scared　恐惧，害怕，七情之一。恐与肾的关系最为密切，过度的恐惧容易损伤肾气。此外，恐也与胆有关。

（1）邪在胆，其人惮惮恐，如人将捕之。

【译】邪气在胆，病人就感觉心跳恐慌，好像有人将要来抓捕他一样。

（2）恐则气下。

【译】恐惧则肾气容易下陷。

102 惊【驚】jīng

n./adj. fright; frightened, shocked　惊恐，惊吓，七情之一。

（1）惊则气乱。

【译】人受到惊吓时，脏腑之气的运行会出现紊乱。

（2）龙骨可镇惊安神。

【译】龙骨具有平镇惊恐、安稳心神的作用。

知识拓展

七情与疾病

七情，即喜、怒、忧、思、悲、恐、惊七种情感，是人对于外界刺激产生的不同情绪反应，属于人的正常精神活动。一般来讲，它们不仅不会致病，而且对于维持身体健康还有一定益处。不过，骤然、强烈或长久的情志刺激，超过了正常限度的七情也可能成为致病因素，引起身体病变。人们应该调畅七情，做到喜怒有节，忧思有度。由于七情之间存在制约关系，所以对于情志病变，还可以采用“以情胜情”的疗法。如“喜伤心，恐胜喜”，一个人欢喜过度，损伤了心气，可以用恐惧害怕的情绪去对抗。

Seven Emotions and Diseases

The seven emotions refer to joy, anger, worry, thinking, sorrow, fear and fright, which are the normal reactions to stimulations from the outside. They generally do not cause any diseases, but benefit the health instead. However, abnormally sudden, strong or long-term stimulations of emotions and the seven emotions that go beyond the normal limit may cause diseases. Therefore, one should regulate and control the seven emotions. There is a generating and restricting relationship among the seven emotions; one kind of emotion can be applied to control another emotion. For example, since “too much joy would harm the heart, and fear restricts joy”, if a person`s heart *qi* is consumed by excessive joy, the emotion fear can be used to treat it.

103 睡眠 shuìmián

n./v. sleep “睡”、“眠”二字意思基本相同，也称“寐”。不能进入睡眠叫做“失眠”，也称“不寐”。

（1）虚劳虚烦不得眠，酸枣仁汤主之。

【译】虚劳病病人气血虚、心烦而不能睡眠，用酸枣仁汤治疗。

（2）先睡心，后睡眼。

【译】入睡要先让心睡去，然后再让眼睛睡去。

104 梦【夢】mèng

n./v. dream 梦，梦见，做梦。做梦是人正常的精神活动，但多梦是不正常的。

（1）饥则梦取，饱则梦予。

【译】饥饿的人常梦见获取，饱食的人常梦见给予。

（2）安神为治梦要诀。

【译】安定心神是治疗多梦的最重要的原则。

第七部分　功能

传	导	运	行	转	化	泌	泄	升	降
宣	统	摄	纳	通	受	盛	濡	润	腐

105 传【傳】chuán

❶ v. transmit, deliver　传送，传输。

（1）大肠者，传导之官，变化出焉。

【译】大肠是传导消化物的器官，饮食物的部分变化（在大肠）发生。

❷ v. affect, develop　传变，发展。中医学特定词语，表示疾病由此及彼，或由一个阶段到另一个阶段。

（2）见肝之病，知肝传脾，当先实脾。

【译】发现肝有疾病，知道肝病会传变到脾脏，就应当先使脾脏变得坚实而不受邪。

（3）温邪上受，首先犯肺，逆传心包。

【译】温热邪气从上侵犯人体，首先侵犯肺脏，如果不按规律传变就会发展到心包。

106 导【導】dǎo

v. lead, guide　通导，引导。如导痰、导尿、导便、导滞。按照一定的规律和方法，引导肢体运动并配合呼吸，以防病保健的养生术，称做“导引”。

（1）当须自欲大便，宜蜜煎导而通之。

【译】应该等到病人想排大便的时候，用蜜煎的方法导出大便。

（2）中风证，痰必凑之，治之宜行气导痰。

【译】中风病症，多有痰涎壅阻，所以治疗中风应该行气导痰。

107 运【運】yùn

❶ v. transport, move　运输，运动，运行，使……运动。

（1）脾主健运。

【译】人体强健的运化功能由脾所主宰。

❷ n. movement, motion　五运，即金、木、水、火、土五类物质的运行方式和规律。

（2）五运六气，天地之道尽矣。

【译】金、木、水、火、土五类物质的运动，以及风、寒、暑、湿、燥、火六气的变化，是天地间所有物质运动的最一般的规律。

108 行 xíng

v. move, operate　通行，运行，使……运行。如行气活血、行经、行针。

（1）心主行血。

【译】心掌管运行血液。

（2）气为血之帅，气行则血行。

【译】气是血的统帅和指挥官，气运行则血液也随之运行。

109 转【轉】zhuǎn

v. circulate, turn　转动，与“运、行”意义相近；又有转变、转化的意思，其意义偏重于变化。

阴证可能转阳，阳证可能转阴。

【译】阴证可能转变为阳证，阳证也可能转变为阴证。

110 化 huà

❶ v. transform, change　变化，事物的性质或形态发生改变称

为“化”。如化火、化燥、水谷化生血液。

（1）无阴则阳无以生，无阳则阴无以化。

【译】阴没有阳就无法生长，阳没有阴就无法变化。

（2）六气皆可化火。

【译】风、寒、暑、湿、燥、火六气都可以变化为火邪。

（3）脾为后天之本，气血生化之源。

【译】脾是人出生以后赖以生存的根本，是气血生成的源泉。

❷ v. resolve　化解，消散。如化食、化痰、化滞、化斑。

（4）生姜消食，半夏化痰。

【译】生姜可消化饮食，半夏能化解痰邪。

111 泌 mì

v. secrete　流质由细孔渗透出来。如分泌、泌尿、泌乳。“泌别清浊”专指小肠接受胃中饮食后，经过进一步消化，将其分为精华和糟粕两部分。

112 泄 xiè

v. let out, discharge　流出，常常形容液体或气体流出而畅通无阻的样子，如排泄、泄泻。肝具有促进身体气、血和津液流通而不阻滞的功能，称为“疏泄”。采用药物等手段促进气、血和津液流通的方法也称为“泄”。

（1）胃气实则胀，虚则泄。

【译】胃气壅实则脘腹胀满，胃气虚弱则可能泄泻。

（2）金郁泄之。

【译】肺金之气郁闭，要采用开泄的方法治疗。

113 升 shēng

v. ascend, raise 上升，升提，升举。

（1）肝气升于左，肺气降于右。

【译】肝气从人体左侧上升，肺气从人体右侧下降。

（2）升麻可升阳举陷。

【译】升麻具有升提阳气、升举下陷脏器的作用。

114 降【降】jiàng

v. descend, fall, lower 下降，沉降，使……下降。

（1）脾主升清，胃主降浊。

【译】脾掌管使清气升举，胃掌管使浊气下降。

（2）生姜降逆和胃。

【译】生姜具有使逆气下降、调和胃气的作用。

知识拓展

人体正气运行的四种基本形式

气的运行是生命存在的基本特征，气的运行具有四种基本形式，即升、降、出、入。气从下往上运行为升，从上往下运行为降，从里向外运行为出，从外向里运行为入。如果气的升降出入异常，人就会发生疾病；如果气的升降出入停止，人就会死亡。气的升降出入是由脏腑功能维持的，脾主升，胃主降；肺气主降和出，肾气主升和入。天地之气的运动也具有升降出入四种最基本的形式，没有升降出入，就没有生物的生、长、化、收、藏的变化。

The Four Basic Movements of the Healthy *Qi* in the Body

The moving of *qi* is a symbolic feature of life. *Qi* moves in four basic ways, namely ascending, descending, exiting and entering. The movement of *qi* from the lower to the upper is called ascending; the movement of *qi* from the upper to the lower is called descending; the movement of *qi* from the inside to the outside is called exiting; and the movement of *qi* from the outside to the inside is called entering. Abnormal movements of *qi* always result in diseases. If *qi* stops moving, the person will die. The movements of *qi* rely on the functions of internal organs. For example, spleen governs the ascending of *qi*, and stomach governs the descending of *qi*; *qi* of lung governs the descending and exiting of *qi*, while *qi* of kidneys governs the ascending and entering of *qi*. The *qi* in the nature also moves like this. Without the ascending, descending, exiting or entering of *qi*, there wouldn't be any process of generating, growing, transformation, contraction or storage of life.

115 宣 xuān

v. disperse, drain　宣发，宣散，宣通。脏腑之气向上、向外发散称为“宣”；采用宣散和宣通的方法，向外宣散邪气，或宣通气血，也称为“宣”。如宣邪解表、宣发卫气。

（1）肺主宣发肃降。

【译】肺具有向外向上宣发和清肃下降的功能。

（2）宣可去壅。

【译】具有宣散作用的药物可以去除壅郁。

116 统【統】tǒng

v. control, dominate　统管，统摄，统归。

（1）脾统血。

【译】脾能统摄血液在脉管内流行。

（2）阴虚之证统于肺。

【译】阴虚的病症大都统归于肺。

117 摄【攝】shè

v. control, hold　摄持，把握。

（1）指受血而能摄，掌受血而能握。

【译】手指得到血的濡养就能摄持物体，手掌得到血的濡养就能握住物品。

（2）气虚出血者，治当益气摄血。

【译】气虚引起的出血，治疗应该通过益气以摄血止血。

118 纳【納】nà

❶ v. receive, accept　接受，接纳，受纳。

（1）胃主受纳。

【译】胃负责接纳饮食。

（2）肾主纳气。

【译】肾负责接纳从肺吸入的清气。

❷ v. put in　放入，纳入。将药物放入鼻、外耳道、肛门或阴道以治疗疾病的操作称为“纳”，所纳入的药剂称为“纳药”。

（3）瓜蒂研散纳鼻中，治头内蕴留水湿。

【译】将瓜蒂研成散末放入鼻腔，可以治疗头部水湿停留的病症。

119 通【通】tōng

❶ v./adj. connect; unblocked, unobstructed　通达，相通；通达的，通畅的。

（1）风气通于肝，谷气通于脾。

【译】风气与肝相通，谷气与脾相通。

（2）通者不痛，痛者不通。

【译】气血通畅者不会出现疼痛，疼痛多是因为气血不通畅引起的。

（3）心痹者，脉不通。

【译】心痹，心脏的血脉闭塞而不畅通。

❷ v./n. unblock　疏通，开通，打通。如通腑、通窍。

（4）通阳不在温，而在利小便。

【译】（治疗湿热病时）疏通阳气不在于使用温热药，而在于通利小便。

120 受 shòu

v. accept, endure　接受，承受。

（1）伤于风者，上先受之；伤于湿者，下先受之。

【译】被风邪所伤的人，多是上部先承受风邪的侵袭；被湿邪所伤的人，多是下部先承受湿邪的侵袭。

（2）小肠者，受盛之官。

【译】小肠的功能是接受和承纳从胃传来的食糜（mí）。

121 盛 chéng/shèng

❶ chéng　v. fill, hold, contain　把东西放进去，容纳，盛纳。

（1）小肠者，受盛之官，化物出焉。

【译】小肠的功能是接受和盛纳从胃传来的食糜，并使之变化为精华和糟粕两部分。

❷ shèng　adj. abundant, excessive　充盛，有余。

（2）盛则泻之，虚则补之。

【译】邪气有余的病症，要采用泻邪的方法治疗；正气亏虚的病症，要采用补正的方法治疗。

（3）邪气盛则实，精气夺则虚。

【译】邪气充盛的病症属于实，精气不足的病症属于虚。

122 濡 rú

v. moisten, nourish　濡养，滋养，使……湿润，使……润泽。

血主濡之。

【译】血的主要作用是濡养和滋润身体。

123 润【潤】rùn

❶ adj. moist　湿润的，润泽的，与“濡”的意义基本相同。

（1）肺喜润恶燥。

【译】肺喜欢润泽的环境，不喜欢干燥的环境。

❷ v. moisten　使……滋润，使……湿润。

（2）燥则润之。

【译】对于干燥的病症，要使它变得滋润。

124 腐 fǔ

❶ v. decompose　腐熟，分解。

（1）胃主腐熟。

【译】胃掌管将收纳的食物腐熟，变成食糜。

❷ v. decay, rot　腐败，身体的皮肤、肌肉、组织等败坏腐烂。

（2）热盛则腐肉为脓。

【译】如果体内热邪炽盛，那么皮肉可能被腐败成为脓。

❸ n. putridity　腐败的皮、肉或血。

（3）去腐生肌，以治痈疡。

【译】除去腐败的组织，促进肌肉的新生，这是治疗外科痈肿和溃疡的基本方法。

第四篇　疾病

第一部分　病因

邪　淫　风　寒　暑　湿　燥　热
毒　虫　痰　饮　食　瘀　劳

125 邪 xié

❶ adj. abnormal, vicious　不正常的，有害的。

（1）邪风之至，疾如风雨。

【译】有害的风气伤害人体的时候，就像风雨来临那样迅速。

❷ n. pathogenic factor, pathogen　邪气，各种致病因素的统称。如风邪、寒邪、火邪等。

（2）虚邪贼风，避之有时。

【译】对于可能侵犯人体、损害健康的各种邪气，要适时地避开。

（3）邪之所凑，其气必虚。

【译】邪气之所以能够侵犯人体，一定是有人体正气不足作为前提条件的。

126 淫 yín

❶ adj. excessive　过分的，无节制的。

(1) 久阴淫雨。

【译】很长时间的绵绵阴雨。

(2) 未至而至，此谓太过，命曰气淫。

【译】在某个时段出现了不该出现的气，称为“气淫”。

❷ v. invade, infiltrate 浸润，渗入，侵入。

(3) 食气入胃，散精于肝，淫气于筋。

【译】食物进入胃，经过消化，一部分水谷精气流散于肝脏，进而浸润全身的筋脉。

(4) 风淫于内。

【译】风气侵入人体之内。

❸ n. pathogen, excessive *qi* 病邪，超过正常程度的气。自然界正常的风、寒、暑、湿、燥、火六气是有益的，但如果超过了正常范围或者在不该出现的时候出现，就会变成对人体有害的邪气，称做“六淫”，也称做“六邪”。

(5) 六淫最为致病之因。

【译】风、寒、暑、湿、燥、火六种病邪是导致疾病的最主要的因素。

(6) 外感六淫，内伤七情。

【译】在外感受了六淫病邪，在内又被七情所伤。

127 风【風】fēng

n. wind 六气之一。风本来是指自然界因为空气流动而形成的一种气候或环境状态，为春季的主气，可以促进万物生长，对人体有益。如果这种气候或环境状态使人发生疾病，那么它就变成致病因素，属六淫之一。风具有发病迅速、变化多端等特点。

(1) 风胜则动。

【译】风邪亢盛引起的疾病具有多动性或游走性等特点。

（2）风者，百病之始也。

【译】各种疾病的发生通常是始发于受风。

（3）风为百病之长。

【译】风邪常常是导致各种疾病的始发原因，也是其他邪气伤害人体的先导原因。

（4）诸暴强直，皆属于风。

【译】各种突然发生的筋脉痉挛、项背强直之类的病证，都与风邪有关。

128 寒 hán

❶ n. cold　六气之一。寒是寒冷的气候，为冬季的主气，可以促进万物闭藏。如果寒超过正常水平，或引起了疾病，即成为“寒邪”，为六淫之一。寒邪引起的疾病具有损伤阳气、凝结、收缩等特点。

（1）寒最为杀厉之气。

【译】寒邪是六淫中伤人最重的邪气。

（2）阳虚生外寒。

【译】人体阳气虚的时候常常产生身体表面的寒冷病变，如怕冷、皮肤温度低等。

（3）诸病水液，澄澈清冷，皆属于寒。

【译】各种疾病，如果见到尿液、唾液等液体清薄无色，大多属于寒气所致。

❷ adj. cold　寒冷的。

（4）石膏大寒。

【译】石膏的性质是十分寒凉的。

（5）形寒寒饮则伤肺。

【译】形体受寒或者喝寒冷的东西，就有可能伤肺。

❸ v. remove heat, cool　去除热气，使……寒。

（6）热者寒之。

【译】对于热症应该清去火热，使之寒凉下来。

129 暑 shǔ

n. summer heat　六气之一。指夏季炎热的气候或环境状态，为夏季的主气，但如果这种气候或环境状态过度，或使人发生了疾病，就成为邪气，是六淫之一，也叫“暑邪”。暑邪具有炎热、升散、消耗人体津液的特点。

（1）夏伤于暑，秋为痎疟。

【译】夏季如果被暑邪侵害，秋季就容易发生疟疾一类的疾病。

（2）天有寒暑，人有虚实。

【译】自然界有冬寒夏暑的更替，人体也有虚弱与壮实的不同。

130 湿【濕】shī

n. dampness　六气之一。如果湿气太重，就容易使人生病，就成为了邪气，变成六淫之一。湿邪具有沉重、秽浊、黏滞等特性，所以湿邪引发的疾病，常具有四肢酸懒沉重、头身困重，分泌物秽浊不清，病程较长，难以痊愈等特点。

（1）风、寒、湿三气杂至，合而为痹。

【译】风、寒、湿三种邪气混杂而侵犯人体，与体内的致病因素相联合就引起痹症。

（2）诸湿肿满，皆属于脾。

【译】各种湿气导致的身体浮肿、胀满的疾病，都与脾密切相关。

131 燥 zào

n. dryness　六气之一。当燥气偏重，引起疾病，就成为六淫之一。燥邪具有干涩、容易损伤人体津液等特点，燥邪引起的疾病常见口鼻干燥、咽干口渴、皮肤干燥甚至皴（cūn）裂、毛发干枯、小便短少、大便干结等症状。

（1）燥胜则干。

【译】燥邪偏盛就会引起出现干燥的症状。

（2）燥者润之。

【译】对于燥邪引起的病证，常采用滋润的方法治疗。

132 热【熱】rè

❶ n. heat　指自然界热的气候或环境状态。如果这种热的气候或者环境状态使人生病，就称为“热邪”。热邪引起的疾病具有灼伤组织、损伤阴液等特点。一般来讲，热的程度较重，就称为“火”，如肺火、心火、肝火等。

（1）热为火之渐，火为热之极。

【译】火是在热的基础上更进一步，是由热逐渐发展而来的。

（2）热胜则肿。

【译】热邪亢盛会引起身体局部肿痛。

（3）阳胜则热。

【译】阳气偏盛会导致火热的病变。

❷ adj. hot　热的，发热的。

（4）附子大热。

【译】附子的药性很热。

（5）胃热则消谷善饥。

【译】胃中火热盛，就容易出现吃得多、消化快、容易饥饿的情况。

❸ v. warm up　散寒，温暖，使……热起来。

（6）寒者热之。

【译】对于寒症应该散去寒气，使之温热起来。

133 毒 dú

n. poison 对健康、身体有害的物质皆称为毒，如毒药、毒品、蛇毒。有时把药物的偏性和治疗作用也称做“毒”，所以药中医也常常称“毒药”。

（1）毒药治其内，针石治其外。

【译】用药物治疗在体内的病，用针刺砭（biān）石治疗体外的病。

（2）毒药攻邪，五谷为养。

【译】用各种药物来攻逐病邪，用各种谷物来营养身体。

134 虫【蟲】chóng

n. insect, parasite 指各种昆虫、寄生虫。

（1）胃咳之状，咳而呕，呕甚则长虫出。

【译】与胃相关的咳嗽，其特征是咳嗽伴有呕吐，严重的时候会呕出蛔虫。

（2）持脉有道，秋日下肤，蛰虫将去；冬日在骨，蛰虫周密。

【译】切脉要讲求一定的法则，秋天的脉象略沉，在皮肤下面，就像昆虫将要入地蛰伏一样；冬天脉沉，贴近骨头，好像昆虫深深蛰伏。

135 痰 tán

n. phlegm, sputum 身体津液凝聚而形成的一种质地较为黏稠的病理产物。狭义的痰指肺和呼吸道的黏稠分泌物，广义的痰则无处不到，可能出现在身体的任何部位，可以引起多种多样的病症。痰的产生与肺、脾、肾三脏关系最为密切。

（1）脾为生痰之源，肺为储痰之器。

【译】脾是产生痰的源头，肺为储留痰的容器。

（2）无痰不作眩。

【译】如果体内没有痰，就不会发生眩晕。

（3）病痰饮者，当以温药和之。

【译】对于痰饮引起的病证，应当用温性的药物治疗。

136 饮【飲】yǐn

❶ n. retained fluid, watery sputum　本义是指喝水或可以喝的东西。在中医学理论里，饮也指身体津液凝聚而形成的一种质地较为清稀的病理产物。

（1）积水成饮，饮凝成痰。

【译】水液在体内异常停聚就变成饮，饮进一步凝聚就变成痰。

❷ v. drink　喝。

（2）病或渴而欲饮，或渴不欲饮。

【译】疾病的症状，有时口渴想喝水，有时虽渴但不想喝水。

词义比较

痰、饮

1. 相同点：痰和饮都是脏腑功能失调而使体内津液代谢失常、异常停聚而形成的病理产物，都与肺、脾、肾三脏的功能密切相关。肺主通调水道，脾主运化水湿，肾主水司膀胱开合，所以水液的代谢失常与这三脏关系最为密切。

2. 不同点：（1）从质地来讲，痰的质地较为黏稠，而饮的质地较为清稀，饮是介于水和痰之间的一种病理产物。（2）从治法来讲，痰有虚实寒热之分，在体内无处不到，因此治疗也有清热化痰、温化寒痰、燥湿化痰、润肺化痰、健脾化痰等多种治疗方法；而饮多属寒性，多是由于脾肾阳气虚弱所致，因此在治疗上主要是以温化的方法，多用温性的药物治疗，以温阳化饮。

Phlegm (痰) and Retained Fluid (饮)

1. Similarity: Both phlegm and retained fluid are pathological products coming from the disorder of fluid metabolism due to the malfunction of internal organs, which are mostly related to lungs, spleen and kidneys because lungs govern the dredging of the water passage, spleen transports and transforms water and dampness, and kidneys govern the whole metabolism of water and the functioning of urinary bladder.

2. Differences: (1) Feature: Phlegm is thick and mucous, while retained fluid, clear and thin, is something pathological between water and phlegm. (2) Treatment: Pathogenically phlegm can be caused by deficiency of healthy *qi*, excessive pathogenic *qi*, cold or heat, and exist everywhere in the body. There are correspondingly different methods of treating it, including clearing the heat, warming the body, drying the dampness, moistening the lungs and reinforcing the spleen, etc. The retained fluid is a cold-type pathological product, mostly caused by the deficiency of *yang* in spleen and kidneys, so the major treatment principle is warming the *yang* using warm-type herbs to resolve the retained fluid.

137 食 shí

❶ n. food 食物，饮食。如食积，指由于食物停留在胃肠不能正常消化的病证。积滞而不消化的食物也简称为“食”。

（1）水谷入口，则胃实而肠虚，食下则肠实而胃虚。

【译】饮食物入口之后，胃是满的，肠是空虚的；饮食物向下运行，则肠道饱满，胃即空虚。

❷ v. eat, consume 进食。引申为吞蚀、损耗的意思。

（2）食饮有节，起居有常。

【译】进食喝水、生活起居都要有规律、有节制。

（3）多食咸，则脉凝泣而变色。

【译】过多进食咸味，可能导致血脉凝涩，颜色改变。

（4）壮火食气。

【译】亢盛的火热邪气可能损耗人体的正气。

138 瘀 yū

v./n. stagnate; stagnation, stasis 原为“淤”，指水淤积、停滞，引申为血液的淤积、停滞，后改为“瘀”。血液运行不畅，停滞在脉中，或者溢出脉外，形成凝血，都称做“瘀血”。六淫、七情、外伤等多种原因都可引起瘀血，而瘀血又可能导致出血、疼痛、积块、胀满等病变。

（1）气行则血行，气滞则血瘀。

【译】血液的循环要靠气的推动，气运行通畅，则血液循环通畅；如果气行郁滞，那么血液循环也不畅，就可能形成瘀血。

（2）老人多瘀。

【译】老年人的病症多有瘀血。

139 劳【勞】láo

v./n. overwork; overexertion, overstrain 过度的劳动、劳作。由于劳力、劳神、房劳或久病等引起的慢性虚弱性的病症称为“劳”，也称“虚劳”。

（1）劳则气耗。

【译】过分的劳作会损耗人体的气。

（2）形劳而不倦。

【译】形体劳作但不感觉疲倦。

知识拓展

三因学说

中医把所有的致病因素分为三类，即内因、外因和不内外因，合称“三因”。外因是存在于身体之外的因素，主要是风、寒、暑、湿、燥、火；内因主要是指喜、怒、忧、思、悲、恐、惊七种情志。不内外因指既非身体所素有，也非外在六气的其他一切因素，如刀枪伤等物理性的外伤、饮食损害和虫兽咬伤等。

Theory of the Three Pathogenic Factors

In traditional Chinese medicine, all pathogenic factors are classified into three categories: internal factors, external factors and other factors. External factors are those natural pathogenic factors outside the body, including wind, cold, summer heat, dampness, dryness and fire. Internal factors actually refer to the seven kinds of emotions, i.e., joy, anger, worry, thinking, sorrow, fear and fright. Other factors include all the factors that are neither internal nor external, such as traumatic wounds and injuries, harmful foods and drinks and insect or animal bites, etc.

第二部分　病变

损	伤	亢	滞	郁	凝	结	停	阻	闭
积	聚	耗	亡	亏	脱	衰	竭	枯	逆
陷	缓	散	乱	败	感染	冒	格	炎	蒸

140 损【損】sǔn

n./v. consumption; reduce, harm　减少，损害。正气减少一类的病症也称为“损”或“虚损”。

（1）损者温之。

【译】虚损一类的病证要用温养的方法治疗。

（2）脾胃气弱，不能消谷，损谷则愈。

【译】脾胃气弱，不能正常消化水谷，适当减少食量有助于身体恢复。

141 伤【傷】shāng

❶ n. injury, wound　身体组织被物理性损伤、破坏。如创伤、刀伤。

（1）金刃虫兽伤

【译】刀枪伤和虫兽伤

❷ v. damage, injure, harm　伤害，损伤。如伤风、伤寒、伤暑、伤湿等。

（2）饮食自倍，肠胃乃伤。

【译】饮食过量会损伤肠胃。

（3）风则伤卫，寒则伤荣。

【译】风寒邪气损伤人的营卫之气。

（4）怒伤肝，思伤脾。

【译】经常发怒会伤害肝脏，过度思虑会伤害脾脏。

142 亢 kàng

adj. hyperactive, excessive　高亢的，过于旺盛的。如亢阳，就是过盛的阳气。

（1）亢者，盛之极也。

【译】亢就是极度的旺盛。

（2）亢则害，承乃制。

【译】任何一种气，它如果过于旺盛，就会产生伤害；如果得到克制，就会保持在正常的状态。

143 滞【滯】zhì

n./v. stasis, stagnation; block, stagnate　停滞，不流畅。气的运行不顺畅叫“气滞”，血液运行不畅叫“血滞”，食物停留而不能消化叫“食滞”。

（1）鸡不可共葫蒜（húsuàn）食之，滞气。

【译】鸡肉不能与葫蒜这种食物一起食用，否则会使人体气机郁滞。

（2）山楂消食滞。

【译】山楂具有消导饮食积滞的作用。

144 郁【鬱】yù

v./n. smoulder; depression　郁结，抑郁；郁结的病变，郁结的病症。如抑郁症。

（1）气郁、血郁、痰郁、火郁、湿郁、食郁为六郁。

【译】气郁、血郁、痰郁、火郁、湿郁、食郁是常见的六种郁结病症。

（2）木郁达之，火郁发之。

【译】肝木郁结的病变要用调理气机的方法，使其恢复疏泄条达的功能；火热郁结的病变要用升散透达的方法，使火邪发散泄越。

145 凝 níng

v. coagulate, condense　水凝结为冰称为凝，引申指液体凝结的病变。

饮凝为痰，血凝为瘀。

【译】水饮凝结成为痰，血液凝结成为瘀。

146 结 jié

n./v. agglutination, congealment; agglutinate, congeal　本义是绳子的结或打结，引申为郁结，不顺畅，不通畅。应用药物或其他手段将郁结不畅的结块疏散开来的治疗方法，称为“散结”。

（1）思则气结。

【译】思虑过度会引起气机郁结不畅。

（2）结者散之。

【译】郁结不通的病症要用宣散的方法治疗。

147 停 tíng

v. stop, retain　停止，停留，不动，一般指事物从运动状态变成静止状态，如停业、停工、停产。身体运行的气、血、水不再运行，也叫做“停”。

（1）若一服汗者，停后服。

【译】如果服了一次发汗药就出汗了，发热也退了，就停用剩下的药物。

（2）水停心下，甚者则悸，微者短气。

【译】水液停留在心下，严重的时候会引发心悸，较轻的情况则会出现短气。

148 阻 zǔ

v. obstruct　本义为险要的地方，引申为阻挡，阻隔，阻滞。如瘀阻，就是瘀血阻滞了经脉。

（1）痰浊阻肺，咳而喘息。

【译】痰浊阻滞在肺，引起咳嗽和喘息。

（2）妊娠恶阻。

【译】怀孕的妇女，由于胎儿的阻隔，使胃气不得和降，所以会出现恶心、呕吐等症状。

149 闭【閉】bì

❶ v. close, shut　关闭，闭合，如闭眼、闭门、封闭。

（1）天寒则腠理闭。

【译】天气寒冷则皮肤的汗孔就会关闭。

（2）血闭不通，则为痈。

【译】血脉闭塞不流通，就会发作痈肿。

❷ n. closure syndrome　闭证。一种以气血闭塞不通为主要病变的危重病症，简称“闭”，其特点是眼睛闭合、牙关紧咬、双手紧握、无尿、不排便等。

（3）蟾酥有毒，惟诸闭证、救急诸药方中用之。

【译】蟾酥是一种有毒的中药，只是在各种闭证以及救急的药方中才用。

（4）闭证先与治痰通关。

【译】治疗闭证应首先应该用豁痰通窍的方法。

词义比较

滞、郁、凝、结、停、阻、闭

1. 从意思上讲，这几个词都有运行不通畅、不顺利的意思。只是所描述的对象有所不同。“滞、郁”常用于形容气的运行不畅，如“气郁、气滞”；而“凝、结”则多用来形容液体的运行不畅，而且常“凝结”连用，如血液凝结而变成瘀；“停”多用来形容水液与水湿的停滞，如“水湿内停”；“阻”多用来形容痰和瘀这两种病理产物，如“痰阻、瘀阻”；“闭”多用来形容具有开合功能的物质，如腠理（汗孔）、眼睛、气的闭合。

2. 从程度上讲，“凝、结、停、阻、闭”要比“滞、郁”的程度重。“滞、郁”主要是气的运行不通畅，而“停、闭”则说明这种动态运行完全停止。

Stagnation (滞), Depression (郁), Coagulation (凝), Agglutination (结), Retention/Stop (停), Obstruction (阻) and Closure (闭)

1. Semantically the terms all descibe the sluggish and impeded flow or movement of something, although the things described are different. “Stagnation” and “depression” are normally used to describe the unsmooth movement or flow of *qi* , e.g., *qi* depression and *qi* stagnation. “Coagulation” and “agglutination” are similarly used to describe the unsmooth movement or flow of liquid. These two terms are often used together as “ 凝结 (*ning jie*)”, e.g., coagulated or agglutinated blood turns into stasis. “Retention/stop” is often used for water, fluid or dampness, e.g., the internal retention of water and dampness. “Obstruction” is used for phlegm or blood stasis, e.g., phlegm obstruction or blood stasis. “Closure” is applied to describe organs or matters which can open and close physiologically, such as pores, eyes and *qi* channels.

2. Compared to “stagnation” and “depression”, the other terms express a higher and more serious degree. “Stagnation” and “depression” mainly indicate

that the *qi* moves unsmoothly, while "retention/stop" and "closure" mean that the movement stops completely.

150 积【積】jī

❶ v. accumulate　本义指由少逐渐到多，如“积水”指水液停留在体内，“积食”或“食积”指饮食停滞在胃肠不消化。“积”与“滞”相较，病变程度更重。

（1）积阳为天，积阴为地。

【译】阳气积累形成天，阴气积累形成地。

❷ n. accumulation syndrome　由于有形物质的堆积、积结而形成的病症也称为“积证”，往往病程较长，形成包块，固定不移，按之有形，痛有定处。

（2）积者，阴气也，五脏所生。

【译】积证是阴气积结而成的病症，多是五脏的病变。

（3）积者，脏病也，终不移。

【译】积证为五脏的病变，它的部位一般固定不移。

151 聚 jù

❶ v. assemble, aggregate　会合、集合的意思。气、血或水、湿、痰、食等在身体某一处的集中、汇聚称为“聚”。

（1）阳气不足，水液停聚。

【译】当身体阳气不足的时候，就可能导致水液停聚。

❷ n. aggregation syndrome　由无形之气的聚合而形成的病症，又称“聚证”，往往位置不定，时聚时散，按之无物，痛无定处。

（2）聚者，阳气也，六腑所成。

【译】聚证是阳气聚合而成的病症，多是六腑的病变。

（3）聚者，腑病也，发作有时，展转痛移，为可治。

【译】聚证多属六腑的病变，常常时作时止，疼痛位置变化，是可以治愈的。

词义比较

积、聚

“积、聚”都是指物质的异常堆积，所以二字常常合起来使用，称做“积聚”。聚证的表现与积证相似，都常见腹部有包块。但积证的包块固定不移、按之有形；而聚证的包块没有定处，聚散无常，按之无形。

Accumulation (积) and Aggregation (聚)

"Accumulation" and "aggregation" both refer to the pathological gathering of substances. They are often used together as "积聚 (*ji ju*)" because the clinical manifestations of the two are quite similar. Both cause abdominal mass, but the mass caused by "accumulation" is solid and fixed, while that caused by "aggregation" is soft and unfixed, and intangible after being pressed.

152 耗 hào

v. consume　减少，消耗，损耗。中医一般用来指对人体有益的物质的损耗和减少，如气、血、津液的损耗。

（1）暑热伤津耗气。

【译】暑热伤人，常常导致津液损失，正气消耗。

（2）劳则气耗。

【译】过分的劳累容易使正气损耗。

153 亡 wáng

❶ v. run away, deplete　逃走，逃亡，引申为丢失。身体的精微物质在较短的时间内迅速大量丢失也称为“亡”，如突然

失血很多叫“亡血”，突然出汗很多叫“亡津液”。阳气的突然丢失叫“亡阳”，阴液的突然丢失叫“亡阴”。

（1）亡血家不可发汗。

【译】大量失血的患者，不宜采用发汗的方法治疗。

❷ v. die　死亡、灭亡。

（2）得神者昌，失神者亡。

【译】有神生命就昌盛，没有了神则预示生命将要灭亡。

154 亏【虧】kuī

v. be deficient, be insufficient　亏虚，缺乏，不足，常用来指人体脏腑功能的减弱，以及气、血、精、津液等物质的缺乏与不足。

（1）津液亏损，身体枯燥。

【译】津液亏虚了，身体就有枯燥的表现。

（2）早产多产，常致肾精亏虚。

【译】过早、过多地生育小孩，常常导致肾精亏虚。

155 脱【脫】tuō

v. come off, lose　离开，落掉，脱失。如脱发，即头发脱落。中医把人体气、血、精、津液等严重丢失，造成正气极度虚衰甚至危及生命的病变叫做“脱证”，简称“脱”，如脱气、脱血、脱津等。

（1）精脱的人，耳聋。

【译】精脱失的人，会出现耳聋。

（2）津脱者，腠理开，汗大泄。

【译】津液脱失的人，汗孔开放，大量汗液外泄。

（3）血脱者，色白，夭然不泽。

【译】血液脱失的人，肤色苍白，没有光泽。

156 衰 shuāi

v. decline　事物减少、减低、减弱。如衰少、衰落。

（1）衰者补之。

【译】人体正气衰少就要用补益的方法治疗。

（2）病有盛衰，治有缓急。

【译】疾病有盛实有虚衰，治疗也应该有缓有急。

157 竭 jié

v. exhaust, use up, dry up　用尽，穷尽，竭尽。与“衰”相较，“衰”为“竭”之渐，“竭”为“衰”之极。如“一而衰，再而竭”。

（1）精气竭绝。

【译】精气竭尽断绝。

（2）胃中水竭，躁烦，必发谵（zhān）语。

【译】胃中的津液枯竭，病人焦躁烦闷，必然出现胡言乱语的情况。

158 枯 kū

v./adj. dry, wither; dried-up　本义指植物失去水分而枯萎、干枯，中医常用来形容人体失去阴血、津液的滋润濡养而表现出的一系列干枯现象，如口干、咽干、皮肤干燥、毛发干枯、大便秘结等。因为人体失去阴血、津液的濡润就像植物失去水分的滋润一样，会出现枯萎的现象。

（1）肝热者色苍而爪枯。

【译】肝有热的患者，肤色呈青色而指甲干枯。

（2）七十岁，脾气虚，皮肤枯。

【译】人到了七十岁，脾气虚弱，皮肤就容易干枯。

词义比较

耗、亡、亏、损、伤、枯、衰、竭、脱

1．这几个词都有减少、不足、缺乏的意思。其中，“亡、竭、脱”表达的程度更重，表示大量减少或失去，病情常比较危重。

2．描述的过程及程度不同，如“耗、损、伤”常表示减少的过程比较缓慢，不是很迅速，如“耗气、耗血、损阴、损阳、伤气、伤血”等，指致病因素相对缓慢地损耗人体的有益物质；而相比之下，“亡、脱”则多表示减少的过程非常迅速，程度很重，病情也很危重，如“亡阴、亡阳、气脱、血脱”等。

3．形容的对象不同，如“枯、竭”都有水分很少的意思，因此常用来形容血液和津液的缺乏与不足，如“血枯、津枯、血竭、水竭”等。

Consumption (耗), Depletion (亡), Insufficiency (亏), Impairment (损), Damage (伤), Drying-up (枯), Decline (衰), Exhaustion (竭) and Collapse (脱)

1. All these terms indicate decrease, insufficiency and shortage, but “depletion”, “exhaustion” and “collapse” express more serious and critical pathological conditions, which mean the substances or energy of the body are decreasing or consumed in large quantities.

2. The terms show different processes and degrees. For example, “consumption”, “impairment” and “damage” are often used to describe processes of slow decreasing, such as the consumption of *qi* or blood, the impairment of *yin* or *yang*, and the damage of *qi* or blood, in which cases the pathogenic factors slowly consume or damage the good substances of the body. “Depletion” and “collapse”, on the contrary, refer to the critical conditions that the substances or energy of the body are decreasing or consumed very quickly, such as the depletion of *yin* or *yang*, and the collapse of *qi* or blood.

3. The terms describe different objects. “Drying-up” and “exhaustion” normally mean moisture loss and are often used to describe the lack or insufficiency of blood or fluid. For example, the drying-up of blood or fluid, and the exhaustion of blood or water.

159 逆 nì

v./adj. go against; opposite, reverse　与正常方向相反的运动为逆。如正常情况下，胃气是向下运行的，如果因为某种原因，导致胃气不下降反而向上冲，就叫“胃气上逆”。

（1）胃热则气逆。

【译】胃中有热则胃气向上冲逆。

（2）怒则气逆。

【译】恼怒会导致肝气向人体上部冲逆。

160 陷 xiàn

v. fall, sink　掉进，坠入，沉下，沉落。人体因为正气虚弱不能向上升提，反而向下陷落叫做“下陷”，邪气由体表进入体内叫做“内陷”。

（1）中气虚则陷。

【译】中气虚弱则可能下陷。

（2）恐则气陷。

【译】惊恐会导致脾、肾之气下陷。

161 缓【緩】huǎn

❶ adj. slow, unhurried　慢的，缓慢的，不急迫的。正常情况下，人体气血津液的运行保持一个不快不慢的速度，如果慢了，就称为缓慢、迟缓。

（1）喜则气缓。

【译】人在欢喜的时候，气的运行是舒缓的。

（2）脉按之来缓。

【译】切按脉搏的表现是缓慢的。

❷ v. relax, soften　放松，松弛，使……缓慢，使……缓和。

（3）肝苦急，急食甘以缓之。

【译】肝气如果急迫、亢盛，应该用甜味的药物来缓和它。

162 散 sǎn/sàn

❶ sàn v. scatter, disperse 集中在一起的事物自行分开或被分开，如分散、散会、驱散。人体正气极度虚弱的时候，正气不能聚集而散开流失，也称为“散”。

（1）散者收之。

【译】对于精气耗散的病证，应该采用收敛固涩的方法治疗。

❷ sàn v. dissipate “散”也是中医的一种治法，指将聚集、结聚的邪气散开、驱除，或者使结聚的气血分散开，如散邪、散寒。

（2）结者散之。

【译】对于气、血、津液凝结的病变，要将它们散开。

❸ sǎn n. powder 散剂是中药的一种剂型，即粉末状药物，如五苓散、四逆散。

163 乱【亂】luàn

❶ adj./v. in disorder; confuse, mix up 杂乱的，失去正常秩序或正常状态的，如散乱、混乱。中医常用以指气、血不正常的运行状态，以及思维意识的不正常，如气血运行不循正常的途径和方向称为“气血逆乱”，思维不正常称为“神乱、心乱”。

（1）汗家重发汗，必恍惚心乱。

【译】本来就大量出汗的人再用发汗的方法治疗，必然导致患者精神恍惚、神识慌乱。

（2）惊则气乱。

【译】受到惊吓就会气机运行紊乱。

164 败【敗】bài

❶ v. decay, wither　坏，失去原有的品质，如气血腐败、肌肉腐败，即身体的气血、肌肉败坏。

（1）五脏已败，其色必夭，夭必死矣。

【译】五脏已经败坏，人的气色必然很昏暗，就必然死亡。

（2）肺热者色白而毛败。

【译】肺热的病症，可见面色发白，毛发败坏。

❷ adj. unsuccessful, defeated　失败的，不成功。治疗不成功称为“败”，治疗失败的病症或预后不好的病症称为“败证”。

（3）中风脉见大小不一者为败证。

【译】中风病若脉来忽大忽小，就是败症。

165 感染 gǎnrǎn

v. affect, infect　“感”指受到影响，如“感邪、感冒”。“染”指接触后而被改变，如“染邪、传染”。“感、染”二字的意思基本相同，故常常连用为“感染”。

（1）正气虚者，易感于邪。

【译】人体的正气虚弱，就容易感受外邪。

（2）冬季重感于寒则泄。

【译】冬季如果感受寒邪很重就会导致泄泻。

（3）形气相感而化生万物。

【译】在天的无形之气与在地的有形之质互相感应，就能变化生成万物。

（4）五疫之至，皆相染易。不相染者，正气存内，邪不可干。

【译】五种自然界的疫疠之气侵犯人体，都会引起病人之间互相传染。那些没有被传染的人，是因为体内正气充足，邪气不能侵犯。

166 冒 mào

❶ v. expose to, be affected 顶着，迎着，与“感”意思相近，如“冒风、冒寒”就是感受风邪和寒邪的意思。“冒”与“感”意思接近，所以二字也常常相连使用，称为“感冒”。

（1）寒为杀厉之气，人触冒而病者，则为伤寒。

【译】寒气是具有杀伤性质且极为厉害的一种邪气，人若感受了寒气而生病，就是伤寒病。

❷ n. top-heavy, dizzy 症状名。指头部昏蒙不清爽，好像被物体包裹的感觉。“冒”的症状常常与头眩（xuàn）相伴，称为“眩冒”。因为，“冒”与“头昏”的意思相近，所以“昏、冒”二字也常常连用，称为“昏冒”。

（2）心下有痰饮，其人苦眩冒。

【译】患者的心下部位有痰饮，就可能出现目眩和昏冒一类的症状。

167 格 gé

v. fight, repel 相互打斗，击打。中医把阴与阳、正与邪的相互斗争称为“格”。如“阴阳格绝”，即由于某种原因引起阴或阳的一方偏盛至极，将另一方排斥、格拒于外，由此出现真寒假热或真热假寒的现象，包括“阴盛格阳”和“阳盛格阴”两种情况。

阴盛格阳则外现假热，阳盛格阴则外现假寒。

【译】体内阴寒太盛，有可能将虚阳格拒于体表，这样外表就会出现假热的现象；体内阳热太盛，有可能将阴气格拒于体表，这样外表就会出现假寒的现象。

168 炎 yán

v./n. flame; inflammation　火苗升腾为炎，形容热盛，如炎热、炎暑。人的身体需要温和的阳热之气，而阳热之气过于旺盛则成为火邪，火邪升散、游走称为“炎”，如肝火上炎、心火上炎。火邪亢盛、升散游走的病理状态也称为“炎”。

火炎上，水流下。

【译】火的特性是炎热的、向上升腾的；水的特性是向下流动的。

169 蒸 zhēng

v. steam　用水蒸气的热量将东西加热或变熟，如蒸饭、蒸米，引申为发热的意思，常常指阴虚引起的发热，如蒸热、骨蒸。

肺肾阴虚者，骨蒸潮热。

【译】肺、肾阴虚的患者，感觉骨头里面蒸热，体温阵发性地升高，像海水涨潮一样。

第三部分 病症

疾病 症 证 咳嗽 哮喘 呃 嗳 呕 衄
烦躁 闷 悸 谵 疲倦 癫 痫 狂 眩晕
疼痛 痒 疟 痉 麻 木 痹 疮 疖 疔
痈 疡 疹 肿 胀 满 臌 疸 秘 淋
遗 癃 崩漏 瘟疫

170 疾病 jíbìng

n. ailment, disease 指身体的正常生理功能或组织受到破坏，出现了异常的、不健康的改变。中医认为，疾病都是由于脏腑经络、阴阳气血的功能失调或结构损坏而产生的。

（1）病轻为疾，疾重为病。

【译】不健康的程度较轻为疾，不健康的程度较重为病。

（2）圣人不治已病治未病。

【译】高明的医生不是在疾病已经发生时去治疗，而是在疾病还没有发生时就懂得去预防。

171 症【癥】zhèng

❶ n. illness, disease 泛指疾病，病状。如不治之症、对症下药。

❷ n. symptom 特指疾病的临床表现，包括症状与体征。如脉症。症状是患者自己觉察到的各种异常感觉，如头痛、恶寒、汗出、口干口渴等，体征是医生通过各种检查手段所感知的疾病外在表现，主要通过四诊获得。症状及体征都可统称为“症”，如感冒时可表现出发热、头痛、恶寒、无汗、脉浮等症。

症无一定之症，方无一定之方。

【译】疾病并没有特定的症状（前面的“症”是指疾病，后面的“症”是指症状），因此治疗的方法与处方也不是特定的。

172 证【證】zhèng

n. syndrome 指疾病发生发展过程中某一阶段的病情资料的高度概括，是由一系列有内在联系的症状和体征（包括舌象、脉象等）综合构成的。医生通过望、闻、问、切四种诊查手段获得病情资料，并对所得临床资料进行分析，认清疾病发生的部位、原因、性质及邪正关系，从而确定疾病在该阶段属于何证。“证”反映出了疾病发展过程中某一阶段的病理变化本质，如发热、头痛、恶寒、无汗、脉浮而紧、苔白等症状体征共同构成了“外感风寒表实证”。

证有中外，治有轻重。

【译】病证有里证、表证之分，治疗也有轻、重之分。

词义比较

证、症

“证”常常是若干个“症”（症状与体征）的整合与归纳，“证”比“症”更全面、更深刻、更准确地反映出疾病发展过程中某一阶段的病理变化本质。

中医治病的重要特色是“辨证论治”，分为“辨证”与“论治”两部分。医生先通过对四诊（望、闻、问、切）所搜集的“症”（包括症状与体征）及其他临床资料进行分析、综合，认清疾病的发生原因、性质、部位以及邪正关系，判断该病属于何“证”，这个过程就叫做“辨证”。然后再根据“辨证”的结果，确定相应的治疗方法并选方用药，这个过程叫“论治”。“辨证”准确是“论治”得当的前提，而获得全面而准确的“症”则是“辨证”的基础。

Syndrome (证) and Symptom (症)

"Syndrome" is an integration and conclusion of several symptoms and signs. Compared to "symptom", "syndrome" can reflect the pathological changes at a certain stage of disease more comprehensively, deeply and precisely.

Treatment based on "syndrome differentiation" is an important feature of traditional Chinese medicine, which includes two processes—syndrome differentiation and treatment determination. Syndrome differentiation is a process of making a comprehensive analysis of clinical information, such as the symptoms and signs collected from four examinations (observation, listening/smelling, inquiry and pulse taking), figuring out a summary of the causes, properties, location and state of the disease, and then diagnosing the type and pattern of the syndrome based on the theories of traditional Chinese medicine. Treatment determination includes the decision on the therapeutic strategy, method and prescription based on the result of syndrome differentiation. Correct syndrome differentiation is the prerequisite of appropriate treatment, while good syndrome differentiation relies on the comprehensive and accurate information on symptoms and clinical signs being collected.

173 咳嗽 késou

n./v. cough 病症名。指肺气上逆，从喉而出，发出声响，或咯吐痰液的一种病证。古代医家曾经将“咳”与“嗽”分开，认为“咳”是有声而无痰，“嗽”是有痰而无声，如果有痰又有声则称为“咳嗽”。因为临床上一般咳声与咯痰同时出现，很难截然分开，因此常常一起连用，用来作为症状名或病名。

（1）咳谓无痰而有声，肺气伤而不清也。

【译】咳是指发出声响但没有痰液吐出，是肺气受到损伤而不能清肃造成的。

（2）嗽谓无声而有痰，脾湿动而生痰也。

【译】嗽是不发出声响而有痰液吐出，脾虚湿盛是产生痰液的原因。

（3）咳嗽之要，止惟二证，一曰外感，一曰内伤。

【译】咳嗽可以分为两种：一种是外感咳嗽，一种是内伤咳嗽。

174 哮喘 xiàochuǎn

n./v. asthma; whoop, wheeze　病症名。指以呼吸困难，气息急促，甚至张口抬肩，鼻翼煽动，不能平卧，喉咙中常发出吹哨样的哮鸣音为主要临床表现的内科病证。区别来讲，“哮”与“喘”各有侧重，“哮”是以呼气困难为主，特点是喉中发出吹哨样的哮鸣音；“喘”是以吸气困难为主，更强调气息急促。因为临床上两者常常一起发生，因此常合称为“哮喘”。

（1）哮必兼喘。

【译】发生哮证的时候必然会兼有气息急促的喘证。

（2）哮以声响言，喘以气息言。

【译】哮侧重于指喉中发出哮鸣音，喘侧重于指呼吸气息急促。

（3）哮分寒热，喘分虚实。

【译】在治疗哮症时要分辨寒热，而在治疗喘证时要分辨虚实。

（4）实喘在肺，虚喘在肾。

【译】实证之喘多从肺论治，虚证之喘多从肾论治。

175 呃 è

n./v. hiccup　病症名。俗称“打嗝”，又称“呃逆”。“呃”主要是由各种因素（外邪、饮食、情志、内伤等）导致的胃气不能下降而上逆所致。

（1）呃逆之症，虚寒者难治，实热者易治。

【译】呃逆这种病症，属于脾胃虚寒的难治，属于胃热亢盛的易治。

（2）久病重病而多呃者危。

【译】久病、重病的人如果出现频繁的呃逆，预后危险。

176 嗳【嗳】ài

n./v. belch, burp 病症名。气从胃中向上冲，从口中而出，并发出声音，又称做“噫（yì）、噫气”，是由胃气上逆引起的。发生在饭后者称为“饱食之声”，是正常的生理现象。如果嗳气的气味酸腐而臭，就叫做“嗳腐”。

（1）胃中有火有痰有郁，作嗳气。

【译】胃中有热有痰有食郁，就会发生嗳气。

（2）恶闻食臭，嗳气难舒者，属有宿食。

【译】厌恶闻到食物的味道，嗳气不断但心中仍然不舒畅，是有宿食停留在胃脘（wǎn）。

词义比较

呃、嗳

1. 共同点：呃与嗳的发病原因都是由胃气不能下降而上逆所致，在治疗上都以理气和胃降逆为基本法则，再结合寒热虚实进行辨证论治。

2. 不同点：从声音上看，呃的声音多短促而频，常常是呃声连连；嗳气的声音多沉缓而长，还可能伴有食物的酸腐气味。从发病时间上看，呃随时都可发作，而嗳多在吃饭后发作，尤其是饱餐之后，明代医家张景岳称嗳气为“饱食之声”。从症状上看，呃逆没有气从胃中冲出，而嗳气则有气从胃中冲出。

Hiccupping (呃) and Belching (嗳)

1. Similarity: The common pathogenesis of hiccupping and belching is the adverse flow of the stomach *qi*, which is ascending instead of descending.

The common treatment is to regulate the flow of *qi* and calm the stomach, and the factors such as cold, heat, deficiency and excess should also be taken into consideration when conducting treatment based on the syndrome differentiation.

2. Differences: (1) Sound: The sound of hiccup is short, frequent and repeating, while the sound of belching is low, slow and long, often along with a rancid smell. (2) Time of occurrence: Hiccups may occur at any time, while belching mostly after meals, especially after eating too much. Zhang Jingyue, a famous Chinese doctor in the Ming Dynasty, gave belching another name— "the sound of too much intake". (3) Symptom: One does not feel any air coming out of the stomach when hiccupping, but when belching, one does.

177 呕【嘔】ǒu

v. nauseate, feel sick　病症名。饮食、痰涎等从胃中上涌，从口腔吐出。古代医家认为"呕"与"吐"是有区别的：只有声音而没有胃内容物吐出，叫做"呕"(sickness/nausea)，只有胃内容物吐出而没有声音，叫做"吐"(vomit, throw up)。因为临床上呕与吐常常同时发生，因此多并称为"呕吐"。呕吐多由外邪侵犯胃腑或饮食过饱、饮食不洁而损伤了脾胃，使胃气不能正常下降反而上逆所引起。

（1）呕吐者，胃气上逆而不下也。

【译】呕吐是因为胃气上逆而不能顺利下降导致的。

（2）呕家有痈脓，不可治呕，脓尽自愈。

【译】经常呕吐的病人如果身发痈脓，不能去止呕，等脓液排尽，呕吐自然会停止。

178 衄 nǜ

n./v. hemorrhage　病症名。有狭义与广义之分，狭义的"衄"

仅仅指鼻腔出血 (epistaxis)，广义的“衄”指一切非外伤引起的身体某部位出血，包括皮肤和五官出血，如肌衄（皮肤出血）、齿衄（牙齿出血）、鼻衄（鼻出血）、舌衄（舌头出血）等。中医认为人体的五官七窍分属于五脏，因此五官七窍的出血也可以反映五脏的病变。

衄家，不可发汗。

【译】经常出血的病人不可以发汗。

179 烦躁【煩躁】fánzào

n. irritability, restlessness　症状名。“烦”(irritable) 指情绪不宁，“躁”(restless) 指身体躁动不安。烦常引起躁动，躁动多由于心烦，所以“烦躁”常常并称。不过烦与躁也可能单独存在。在疾病较重的情况下，如果不烦而躁，预后多不良。

（1）烦属阳，躁属阴。

【译】心烦多属于阳热性质，躁动多属于阴寒性质。

（2）阳气者，烦劳则张。

【译】人体的阳气，如果烦躁劳累就会贲张。

（3）阴气者，静则神藏，躁则消亡。

【译】人体的阴气，安静则神气敛藏，躁动则容易消亡。

180 闷【悶】mèn

n. stuffiness　症状名。即胸闷，一种好像缺少空气而胸中不舒的感觉。

（1）肝郁可致胸闷。

【译】肝气郁结可以导致胸闷。

（2）胸中邪实则闷。

【译】胸中被实邪阻塞就可能出现胸闷的症状。

181 悸 jì

v./n. palpitate; palpitation　多指心跳动，感到心脏异常的跳动。如果感到肚脐周围异常跳动，称为“脐下悸”。

（1）心振寒而动曰悸。

【译】心中振振发冷而跳动不宁叫悸。

（2）茯苓宁心止悸。

【译】茯苓具有安心安神、止心悸的作用。

182 谵【譫】zhān

n. delirium　症状名。指病人神志不清时的胡言乱语，多在阳热亢盛的情况下发生。如谵语、昏谵。

夫实则谵语，虚则郑声。

【译】心火盛实就会胡言乱语，语无伦次；而心气大虚就会语言重复，语音低微，时断时续。

183 疲倦 píjuàn

n. tiredness, exhaustion　症状名。没有力气、没有精神的感觉。“疲”与“倦”意思相近，都有疲乏、劳累的意思。疲倦可能由过多劳作引起，一般适当休息后可以缓解。身体气血不足，或气滞、湿阻，也可能引起疲倦。脾主肌肉，脾气虚弱或脾湿困阻最易产生疲倦，所以疲倦与脾的关系最为密切。

脾虚则肢体疲倦。

【译】脾气虚弱就容易出现肢体疲倦。

184 癫 diān

n. madness, insanity　病症名。指精神错乱失常，表现为精神抑郁，表情淡漠，或喃喃自语，或哭笑无常，幻想幻觉，沉默痴呆，语无伦次，不思饮食，患者常常安静少动。癫的病性多属阴。

阴盛者癫，阳盛者狂。

【译】癫证多安静少动，属于阴邪较盛，狂证多躁动不安，属于阳邪较盛。

185 痫【癇】xián

n. epilepsy　病症名。指一种发作性的精神疾病，表现为突然仆倒在地，不知人事，口吐涎沫，两眼上视，牙关紧闭，四肢抽搐，或者口中发出像猪羊一样的叫声，过一会儿又自动苏醒，醒后与常人一样，常会反复发作。

（1）子痫为妇人重症。

【译】子痫是发生于孕妇或产妇的一种严重的病症。

（2）夫风邪癫痫者，因血气虚，风邪所伤，则仆地涎沫。

【译】那些癫痫发作的病人，主要是因为血气虚弱，又被风邪侵害，所以会突然倒地口吐涎沫。

186 狂 kuáng

n. craziness, mania　病症名。表现为疯狂怒骂，殴打他人，毁坏物品，力气特大，睡得少，不感觉饥饿，甚至爬到高处去唱歌，脱掉衣服奔跑，精神躁动不能安宁。狂的病性多属阳。

（1）诸躁狂越，皆属于火。

【译】各种躁动、发狂的病证，都属于火邪亢盛。

（2）邪入于阳则狂。

【译】邪气深入，引动阳，火热内扰，就会发作狂症。

187 眩晕【眩暈】xuànyùn

n. dizziness, vertigo　病症名。“眩”指眼前发黑，视物不清，

头脑昏乱；“晕”指患者感觉自身或周围物体在旋转，身体难以平衡，快要跌倒。因眩与晕常常伴随发生，故通常并称“眩晕”。眩晕常伴有耳鸣、耳聋、恶心、呕吐、汗出、肢体震颤等症状，可由风、火、痰、虚等多种原因引起。

（1）无痰不作眩。

【译】眩证的发生都与痰邪有关。

（2）无虚不作眩。

【译】眩晕的发生必然跟内在气血阴阳的虚损有关系。

188 疼痛 téngtòng

n. ache, pain　症状名。疾病、创伤等因素刺激人体神经引起的一种难受的感觉，如喉疼痛、牙疼或牙痛、头疼或头痛。

（1）寒胜其热，则骨疼肉枯。

【译】寒邪偏盛，就会骨节疼痛，肌肉干枯。

（2）不通则痛。

【译】因邪气阻滞，气血不能流通就会引起疼痛。

（3）不荣则痛。

【译】气血亏虚，身体缺乏气血的滋养就会引起疼痛。

189 痒【癢】yǎng

n. itch　症状名。发生于皮肤上的一种不适感，是皮肤或黏膜受到刺激后需要挠抓的一种感觉，又称“瘙痒”。因为挠抓后会产生很舒服很享受的感觉，因此痒又被戏称为“美疾”。痒一般是由风、湿、热或虫侵扰皮肤，或者血虚不能滋润皮肤而引起。

（1）火微则痒，火盛则痛。

【译】火邪程度轻就会引起瘙痒的症状，火邪程度重就会引起疼痛的症状。

（2）诸痛痒疮，皆属于心。

【译】各种疼痛、瘙痒及疮疡，都与心密切相关。

190 疟【瘧】nüè

n. malaria　病症名。表现为定期发作的寒战、高热、头痛、出汗，以两天发作一次最为多见，也有一天一发作和三天一发作的，是一种传染性疾病，多由蚊虫传播。常发生于夏秋季节，在气温高、湿度大的地区较为多见。

疟，不渴，间日而作。

【译】疟疾的症状是口不渴，隔日发作。

191 痉【痙】jìng

n. convulsion, opisthotonos　病症名。表现为头和脖子强直拘急，腰背向后弯曲，形状像弓一样，口闭不开，四肢抽搐或痉挛，不能屈伸。

（1）诸痉项强，皆属于湿。

【译】各种痉证以及头项强直的病证，都与湿邪有关。

（2）牛黄主热盛狂痉。

【译】牛黄善于治疗因为热邪亢盛导致的各种发狂及痉挛的病证。

192 麻 má

n. numbness, tingling　症状名。身体肌肉、皮肤或骨头像有蚂蚁走动或触电一样的感觉。如麻痹、麻木。中医认为麻与血虚的关系最为密切。

血虚则麻。

【译】阴血不足会导致身体出现麻的感觉。

193 木 mù

❶ n. wood　中医五行之一，参见第 13 字“木”。

❷ n. numbness　症状名。感觉肌肤变厚，像木板一样，没有痛、痒等感觉，指感觉迟钝或缺失的症状。中医认为木的症状与气虚的关系最为密切。

气虚则木。

【译】气虚会导致身体出现木的感觉。

194 痹 bì

n. pain or numbness caused by cold, dampness, etc.　病名。是由于风、寒、湿、热等邪气闭阻气血引起的一种以疼痛为主要表现的疾病，主要症状有：肌肉、筋骨、关节发生酸疼、麻木、沉重、活动不灵活，甚至出现关节肿大灼热的症状，常常反复发作。痹证与体质的强弱以及生活环境、气候条件关系密切，比如寒冷地带的人比温暖地带的人更容易发生痹证，潮湿的环境比干燥的环境更容易使人发生痹证。

痹之为病，痛多者为寒痹，游走者为风痹，重着者为湿痹。

【译】痹这种病，疼痛重的叫做寒痹，游走无定处的叫做风痹，沉重而部位固定的叫做湿痹。

195 疮【瘡】chuāng

n. sore, wound, skin ulcer　病名。泛指伤口，通常是因外伤或皮肤肿烂溃疡形成的。如皮肤被刀划伤而形成的伤口叫做“刀疮”，口腔黏膜溃烂形成的破口叫做“口疮”，皮肤因气温过低而被冻破的伤口叫做“冻疮”。

口疮之病，实者关乎心、胃，虚者关乎脾、肾。

【译】口疮这种病，实证多与心、胃相关，虚证多与脾、肾相关。

196 疖【癤】jiē

n. furuncle, boil　病症名。又称“疖子”，指发生在皮肤浅表的急性化脓性疾病，局部颜色发红、灼热、疼痛，突起而根底较浅，范围局限在 3 ~ 6 厘米之间，出脓后就可以迅速好转。可在身体的各个部位发作，尤其好发于头面。如果多个疖在身体的一定部位或散在身体各个部位反复发作，日久不愈，就称做“疖病”。

（1）疔疮肿疖，多因火毒。

【译】疔疮肿疖这些病症，大多是由火毒引起的。

（2）小儿热毒气壅（yōng），外攻皮肤则生疖。

【译】小孩体内热邪亢盛，毒气壅滞，攻向体表则皮肤产生疖疮。

（3）疖无大小，脓出就好。

【译】疖子不论大小，脓能排出来就好了。

197 疔 dīng

n. deep-rooted boil　外科病名。指外形较小，质地坚硬，根蒂较深而类似钉子的病症。该病多发在颜面与手足等处，发病迅速且具有危险性。发生在颜面的疔疮，如果处理不当，会导致疔毒走散，毒入血分，内攻脏腑，从而危及生命，这叫做“疔疮走黄”。发生在手足的疔疮，容易损伤筋骨。

疔疮之生，风火之毒。

【译】疔疮的产生是由风邪与火邪作用而成的风火之毒造成的。

198 痈【癰】yōng

n. carbuncle, abscess　病症名。“痈”的本义是指人体气血被毒邪壅塞而运行不畅的意思，后指发生在皮肉之间的急性化脓性疾病，根据发病部位分为“内痈”和“外痈”。发生在脏腑的称做“内痈”，如肺痈、肠痈；发生在体表的称做“外痈”，如颈痈、臀痈、腋痈。痈的性质属阳。

（1）痈为阳证。

【译】痈（红肿热痛较明显，而且多由于阳毒热邪引起，因此）属于阳证。

（2）金银花，消痈解毒。

【译】金银花能够消除痈肿，清解毒邪。

199 疡【瘍】yáng

n. ulcer, ulceration　病症名。泛指皮肤、黏膜破损、创伤、溃烂，呈开放性。亦可以作为作“疮、痈、疽、疖”的统称。

疮疡之证，受之内者，法当疏利以寒剂。

【译】疮疡的病症，如果是因为毒邪内生而引发的，应当用寒凉之剂疏利。

词义比较

疮、疡、疖、疔、痈

1. 这几个词都是外科病名，都是指各种由致病因素侵袭人体后引起的体表化脓感染性疾病，常伴有红肿、疼痛、化脓、破溃等症状。

2. 病变面积不同。一般来讲，“痈”的疮口范围最大，“疮、疖”次之，“疔”最小。

3. 发病部位不同。“痈”常生于皮肉，一般不发于头面，发病部位较浅，容易化脓、溃破与收口，多属阳证；“疔、疖”可以发生在身体的任何部位。

4. 病变形态：“疮、疖、疔、痈”多隆起，“疡”多呈开放性。

5. 病变症状：“疮、疡、疖、疔、痈”的疮面多红、热。

Sore (疮), Ulcer (疡), Furuncle (疖), Deep-rooted Boil (疔) and Carbuncle (痈)

1. These are the names of some surgical infectious diseases caused by various pathogenic factors. They often happen in body tissues with symptoms such as inflammatory swelling, pain, purulence and ulceration.

2. The affected areas are different. Generally, "carbuncle" is the biggest, "Sore" and "furuncle" are smaller than "carbuncle". "Deep-rooted boil" is the smallest.

3. The locations are different. "Carbuncle" is often seen in shallow tissues such as skin and the soft tissue under skin, but seldom seen on the head or face. It maturates, breaks and recovers quickly, and is normally classified into the *yang* type. "Deep-rooted boil" and "furuncle" may happen anywhere.

4. The appearances are different. "Sore", "furuncle", "deep-rooted boil" and "carbuncle" are usually protruding, whereas "ulcer" is open.

5. As to the symptoms, "sore", "ulcer", "furuncle", "deep-rooted boil" and "carbuncle" all present red color around and give a hot feeling locally.

疮、疡、痈、疖、疔比较表

病名	不同点					共同点
	疮口范围	发病部位	发病特点	阴阳属性	预后	
痈	★★ 较大	多发于皮肉，一般不发于头面部	发病迅速，多浅而高大，常伴有红肿热痛，容易溃破、化脓收口	多为阳证	一般预后较好	都是外科病名，是发生在皮肤、肌肉或关节、脏腑间的溃疡与破损。常伴有红肿、发热、化脓等症状。
疖	★ 较小	常发于头面、颈项及臀臂	病情较轻	多为阳证	预后较好	
疔	★ 较小	随处可生，一般常见于四肢及头面部	常有黄白脓头，底盘较大，伴有红肿热痛	多为阳证	处理不当会出现“疔疮走黄”的危重证候	
疮、疡	是概括性的说法，常用来指一切皮肤或肌肉等组织溃烂、破损的病症。					

200 疹 zhěn

n. rash, eruption　病症名。指皮肤上起的小疙瘩，形状像小米粒，红色而突起，有时还伴有瘙痒或渗出，因各种原因导致皮肤出现这种小米粒状的红色突起都可称为“疹”。如风疹、药疹、湿疹。

风强则为瘾疹。

【译】风邪侵犯人体就会发为荨（xún）麻疹。

201 肿【腫】zhǒng

n. swelling, edema, puffiness 病症名。皮肉浮满、体积变大的病症。如水肿、浮肿、红肿、肿大。

面目浮肿善眠者，湿土之为气也。

【译】脸面浮肿而且喜欢睡觉的人，多是脾虚湿盛所致。

202 胀【脹】zhàng

n. distension, bloating 症状名。身体的某些器官内壁受到压迫而产生的扩张、变大的感觉，如腹胀、胁胀、头胀。胀并不一定伴有外形的增大，有时患者自己感觉腹胀，但从外观看，腹部不一定膨大。

诸胀腹大，皆属于热。

【译】各种肿胀、腹满的病症，都属于热邪所致。

203 满【滿】mǎn

n. fullness 症状名。指腹部饱满、扩张变大的症状。"满"多与"胀"同时出现，因此"胀满"常常连用。

（1）胃病者，其脉循腹，故为胀满。

【译】胃的经脉经过腹部，所以胃病常常会引起腹部胀大饱满。

（2）脏寒生满病。

【译】脏腑虚寒，使气机不能正常运行，就会得胀满的疾病。

词义比较

满、胀

"腹满"形容腹部看起来饱满充实的样子。与"腹胀"不同的是，"腹满"看起来外形很饱满，但患者的自我感觉可能并不明显；而"腹胀"是患者的自我感觉很饱胀，但从外形看起来不一定饱满。

Fullness (满) and Distension (胀)

"Abdominal fullness" is used to describe the appearance of abdomen. It means the abdomen looks full, but the patient may not have a fullness feeling. Different from "abdominal fullness", "abdominal distension" emphasizes that the patient has a fullness feeling, but the abdomen may not be seen full.

204 臌 gǔ

n. ascites, tympanites　病症名。一种以腹部胀满膨隆为主要表现的病症，因为其外形如鼓，所以称做"臌"。该病可分为"水臌"(ascites)（水湿之邪引起的腹部膨胀）、"气臌"(tympanites)（气机郁滞引起的腹部膨胀）、"血臌"（血液淤积引起的腹部膨胀）、"虫臌"（虫毒感染引起气血郁结导致的腹部膨胀）几种。

少年饮酒无节，多成水臌。

【译】年轻时喝酒无度，时间长了就可能导致水湿淤积在腹内形成水臌。

205 疸 dǎn

n. jaundice　病症名。亦称"黄、黄疸"。是一种以身黄（皮肤黄）、目黄（眼睛巩膜发黄）、小便黄"三黄"为主要表现的病症，其中尤以目黄为主。该病主要分为湿热与寒湿两种类型。

（1）黄疸者，湿热内郁，而色病见于外也。

【译】黄疸病是由于湿热郁积在体内，而在外则显现出黄色。

（2）茵陈主黄疸。

【译】茵陈（一种草药）擅长治疗黄疸病。

206 秘 mì

n. constipation　症状名。又称“便秘”。即大便干燥，不通畅，排便间隔时间延长，或者间隔时间不延长而排便困难，多由胃肠积热、气滞、寒凝或气血亏虚引起。

大便秘为实为热，自利为虚。

【译】大便秘结一般属于实热证，而下利（泄泻）则属于虚证。

207 淋 lìn

n. stranguria　病症名。指小便次数多而每次量少，淋漓不尽，有急迫感的病症，排尿常常涩滞不畅，或见疼痛，也可伴有小腹拘急、腰腹疼痛等症状。

（1）淋有五，皆属乎热。

【译】淋证有五种，都属于热证。

（2）治淋之法，有通有塞，要当分类。

【译】治疗淋证的方法，有通利之法和补益之法，应当根据辨证分情况而定。

208 遗【遺】yí

❶ v. lose, involuntarily discharge (urine, etc.)　本义是丢失、遗失、遗落。中医学指在不自知的情况下排泄大小便或精液，如遗尿、遗精。

（1）膀胱不约为遗溺。

【译】膀胱不能正常约束就会引起遗尿。

❷ v./n. leave behind; remainder, residue　遗留，残留，病邪、病症没能完全被清除，没有彻底痊愈。如遗邪、后遗症。

（2）热病食肉则复，多食则遗。

【译】发热性质的疾病，吃肉可能引起病情反复，吃得过多也会导致疾病遗留。

209 癃 lóng

n. dysuria 病症名。指排尿困难，小便量少而排出不畅，点点滴滴而下，可伴有小腹膨隆。若小便完全不能排出叫“闭”，“闭”的程度比“癃”更为严重。“癃闭”常并称。“癃”与“闭”都与肾和膀胱关系密切。

（1）膀胱不利为癃。

【译】膀胱气化功能不利就会导致排尿困难，小腹膨隆。

（2）实则闭癃，虚则遗溺，遗溺则补之，闭癃则泻之。

【译】实邪阻滞容易引起癃闭，而肾气虚弱则容易遗尿，遗尿应当用补益之法，癃闭应当用清泻之法。

210 崩漏 bēnglòu

n. metrorrhagia and metrostaxis 病症名。指阴道大量出血或出血持续、淋漓不止的妇科病证。起病较急，出血量大者为“崩”(metrorrhagia)；起病缓慢，出血量少，淋漓不净，如水漏下者为“漏”(metrostaxis)。因为两者在发病过程中经常相互转化，可能由崩转为漏，也可能由漏转为崩，临床常统称为“崩漏”。

崩漏不止，先因心火亢盛，于是血脉泛溢。

【译】崩漏的病证，先是由于心火亢盛，于是导致血液妄行泛溢脉外所致。

211 瘟疫 wēnyì

n. pestilence 病名。“瘟”与“疫”是同义词，均指传染病。古代文献多用“瘟疫”来表示急性传染性疾病。

（1）孟春行秋令，则民病大疫。

【译】自然气候的严重反常是传染性疾病暴发与流行的重要原因。

（2）湿令不化，民病瘟疫。

【译】湿气不能施化，百姓就容易得传染病。

第五篇　诊断和辨证

第一部分　诊法

诊断　望　闻　问

切　象　候　色　苔

212 诊断【診斷】zhěnduàn

n./v. diagnosis; diagnose　“诊”是诊察 (exam)，指医生察看病人身体内外的情况。“断” (judge, estimate) 是根据诊察获得的证据，对疾病的本质进行识别和判断。“诊”是“断”的前提，“断”是“诊”的目的，所以“诊断”常连用，意思是对疾病进行诊察和判断。正确的诊断是合理治疗的前提。中医学将望、闻、问、切作为诊病的主要手段。

诊常以平旦，阴气未动，阳气未散，饮食未进，经脉未盛，络脉调匀，气血未乱，故乃可诊有过之脉。

【译】诊察疾病以早上的时间为适宜，因为早上人体阴气未动，阳气未散，没有进饮食，经脉没有过于充盛，络脉是调匀的，气血是平静的，所以在早上可以诊察出脉的不正常来。

213 望 wàng

v./n. observe; observation, inspection　望诊，中医四诊之一。指医生用眼睛对病人全身和局部的神气、颜色和光泽、形体、姿态、动作等进行观察。

（1）望而知之谓之神。

【译】通过用眼睛察看就能了解判断病情的医生称为神医。

（2）上工望而知之。

【译】最高层次的医生通过用眼睛察看就能了解判断病情。

（3）望为四诊之先。

【译】望诊在四种诊察方法中排在第一位。

214 闻【聞】wén

v./n. listen and smell; auscultation and olfaction　闻诊，中医四诊之一，包括两个方面的内容：嗅气味和听声音。嗅气味是医生凭嗅觉嗅病人的口腔气味、身体气味、排泄物与分泌物的气味；听声音是医生靠听觉了解病人的语言、呼吸、咳嗽、呻吟等声音变化。

（1）闻而知之谓之圣。

【译】听到病人的声音就能认识病变的医生，称为圣医。

（2）病至则先闻腥臊臭。

【译】发病时先闻到腥臊的气味。

215 问【問】wèn

v./n. inquire; inquiry　问诊，中医四诊之一。问诊包括问患者一般情况、主诉、现病史、既往史、月经婚育史和家族史等，其中现病史是问诊的重点，包括起病原因，发病和治疗经过，平时的身体情况、生活方式以及现在的自觉症状等。

（1）问而知之谓之工。

【译】通过病人叙述确定病情的医生，称为工医。

（2）临病人问所便。

【译】诊治病人的时候，要问清病人的喜恶，借以确定疾病的性质。

216 切 qiè

v./n. feel the pulse; palpation and pulse taking 切诊，中医四诊之一，包括按诊（又叫触诊）(palpation) 和切脉 (pulse taking)。按诊是医生用手对病人身体的某些部位进行触摸、按压，以了解疾病的相关情况；切脉是医生用手指切按病人的脉搏（以桡动脉处的脉搏为主）。

（1）切而知之谓之巧。

【译】通过切脉认识病情的医生称为巧医。

（2）虚实之病，必切而验之。

【译】病症或虚或实，都必须切脉验证。

知识拓展

寸口脉与五脏的对应关系

左右手寸、关、尺三脉分别对应五脏。左手寸脉对应心，关脉对应肝，尺脉对应肾；右手寸脉对应肺，关脉对应脾胃，尺脉对应命门。

Correspondence between the Wrist Pulses and the Five *Zang* Viscera

The *cun*, *guan* and *chi* pulses on both hands correspond to the five *zang* viscera respectively. On the left hand, the *cun* pulse corresponds to heart, the *guan* pulse to liver, and the *chi* pulse to kidneys. On the right hand, the *cun* pulse corresponds to lungs, the *guan* pulse to spleen and stomach, and the *chi* pulse to the area between the kidneys.

217 象 xiàng

❶ n. appearance, manifestation　身体内部运动和变化在外部的表现，如脉象、舌象。

（1）心有离明之象。

【译】心具有火热和光明的外象。

❷ v. be similar to　像……，与……相像。

（2）奇恒之府藏于阴而象于地，故藏而不泻。

【译】奇恒之府就像大地包藏万物一样，它们的特点是藏而不泻。

（3）贤人上配天以养头，下象地以养足。

【译】贤明的人知道人头在上，养头要从天领悟道理；足在下，养足要从地领悟道理。

218 候 hòu

❶ v. observe, wait　观测，观察；等候。如观候、诊候。

（1）谨候其时，病可与期。

【译】针刺时，要等候气至再下针，病才可如期而愈。

（2）诊此者，当候胃脉。

【译】诊断这种病，应该观察胃脉。

（3）下部之天以候肝。

【译】两足的天部脉可以观察肝的疾病。

❷ n. manifestation, symptom　证候，征兆，身体内部运动和变化在外部的表现，其意义与“象”基本相同。

（4）湿痹之候，其人小便不利，大便反快，但当利其小便。

【译】湿痹的证候，小便量减少而排尿困难，大便反而稀溏，应该用利小便的方法治疗。

（5）脉有三部九候。

【译】寸口脉分寸、关、尺三部，每部又有浮、中和沉取之别，共为九候。

❸ n. period of five days, pentad　古人以五日为一候，用来描述寒热及自然界景物的变化。

（6）五日谓之候，三候谓之气。

【译】五日称为一候，三候称为一气。

219 色 sè

n. color　颜色。身体内部的疾病常常会从面部的颜色反映出来，即“面色”(complexion)，所以中医常观察人面部的颜色以诊察疾病，面部的颜色以明亮、润泽、含蓄而不外露为正常。

（1）东方青色，南方赤色，中央黄色，西方白色，北方黑色。

【译】青色归属于东方，赤色归属于南方，黄色归属于中央，白色归属于西方，黑色归属于北方。

（2）血不流，则毛色不泽。

【译】血不畅行，则肤色失去润泽。

（3）善诊者，察色按脉，先别阴阳。

【译】善于诊察疾病的医生，观察病人的颜色，切取病人的脉象，先分别病证的阴阳。

220 苔 tāi

n. tongue coating, tongue fur　本义指在阴湿之处生长的一种植物——青苔(moss)，中医将舌头表面附着的一层苔状物也称为“苔”，或称“舌苔”。正常舌面上均有白色薄苔，由胃气所化生。望舌苔是望诊的重要内容之一，通过观察舌苔的厚薄、颜色、润燥、质地、形状和分布，可以了解患者的身体和疾病情况。

（1）辨舌质可验五脏之虚实，视舌苔可察六淫之深浅。

【译】通过分辨舌质可以验证五脏的虚实，通过察看舌苔可以清楚六淫邪气的深浅。

（2）舌绛而光亮无苔者，胃津亡也。

【译】舌质绛且舌面光亮无苔，属于胃津大伤的情况。

第二部分 辨证

辨 论 治 施 纲

表 里 虚 实 夹杂

221 辨 biàn

v. distinguish　本义是分别，区分，如分辨、辨别。“辨脉”就是对脉象进行分析、辨别。“辨证”就是通过分析四诊搜集得来的资料，辨别疾病的病因、病位、病性和病机，从而对疾病的情况作出判断。

（1）脉理精微，其体难辨。

【译】切脉的道理是精深微妙的，各种脉象的辨别是很难的。

（2）肝气通于目，肝和则目能辨五色矣。

【译】肝气外通于目，肝的功能正常，眼睛就能辨别五色。

222 论【論】lùn

❶ v. discuss, expound　议论，分析和说明事理。如论述、辩论。

（1）闻病之阳，论得其阴。

【译】知道疾病的阳，就能分析判断出疾病的阴。

❷ n. opinion, theory　引申为理论，观点，学说。如《伤寒论》、《金匮要略方论》、《温热论》、《诸病源侯论》等。

223 治 zhì

❶ v. treat, cure　治病，医疗。

（1）治病必求于本。

【译】治疗疾病时，必须推求阴阳变化的根本。

（2）阳病治阴，阴病治阳。

【译】阳病可以治阴，阴病可以治阳。

❷ v. regulate　处理，管理，调节。

（3）脾者，土也，治中央。

【译】脾在五行属土，在五方之中主管中央。

（4）肝生于左，肺藏于右，心部于表，肾治于里。

【译】肝气主管生发，气生于左；肺气主管肃降，气藏于右；心为阳中之阳，气分布到表；肾为阴中之阴，气主管于里。

224 施 shī

v. carry out　实行，实施。中医讲施治，就是将治疗方法付诸实施，如施针、施药、施灸。

（1）太阳寒化，施于少阴。

【译】太阳的寒化，作用于少阴。

（2）虚实夹杂者，治当攻补兼施。

【译】对于虚实夹杂的病证，治疗时应该攻法和补法一起实行。

225 纲【綱】gāng

n. guiding principle, outline　本义为提网的总绳，引申为事物的关键部分，如大纲、纲领、纲要。中医的“八纲辨证”指辨别证候时要掌握的八个要领，分别是阴、阳、虚、实、表、里、寒、热。

阴阳者，天地之道也，万物之纲纪。

【译】阴阳是自然界的根本规律，是分析和归纳万事万物的纲领。

知识拓展

八纲辨证

八纲辨证就是从“阴阳、表里、寒热、虚实”四对矛盾的八个方面去认识、辨别病症。疾病的表现尽管非常复杂，但基本上都可以用八纲来归纳。疾病的类别不外阴证、阳证两大类；病位的浅深不在表，就在里；疾病的性质不是热，就是寒；邪正的盛衰，邪气盛者为实证，正气衰者为虚证。其中阴阳两纲可以统领其他六纲，表、热、实属阳；里、寒、虚属阴。

The Eight Principles of Syndrome Differentiation

The eight principles of syndrome differentiation are a diagnostic system of recognizing and differentiating diseases through four pairs of opposite aspects—*yin* and *yang*, exterior and interior, cold and heat, and deficiency and excess. No matter how complicated the manifestations are, they can be concluded into the eight principles. All syndromes can be categorized into either *yin* or *yang*, the location of the disease is either exterior or interior, the nature is either heat or cold, and the pattern is either excess or deficiency. *Yin* and *yang* are the general categories into which the other six principles fall, with exterior, heat and excess pertaining to *yang*, and interior, cold and deficiency pertaining to *yin*.

226 表 biǎo

n./adj. exterior, surface; superficial 外表的、表面的或身体的浅表部位，与“里”相对。病在皮毛、肌腠等浅表部位的属

"表证"。

（1）湿病在表，一身尽痛。

【译】湿病在体表，全身都感觉疼痛。

（2）病在于表，毋攻其里，恐表邪乘虚陷入于里也。

【译】疾病在体表，不要错误地使用攻里的方法，以免表邪乘虚陷入体内。

227 里【裏】lǐ

n./adj. interior　里面的、在内的或身体的内部，与"表"相对。病在脏腑、血脉、骨髓等较深部位的属"里证"。

（1）肝与胆相表里。

【译】肝和胆是相表里的脏腑，（肝为脏，属里；胆为腑，属表）。

（2）病在于里，毋虚其表，恐汗多亡阳也。

【译】若病在体内，不要错误地使用解表的方法，以免发汗过多造成亡阳的局面。

228 虚【虛】xū

n./adj. deficiency; empty, weak　空虚，虚弱；虚少的，不足的，与"实"（充满）相对。由于人体正气不足、脏腑功能虚弱低下，或者身体的精微物质如阴阳、气血、精、津液等匮乏不足所引起的病症，称为"虚证"。

（1）水谷入口，则胃实而肠虚。

【译】食物入口下行，胃充实了而肠中还是空虚的。

（2）日西而阳气已虚，气门乃闭。

【译】太阳偏西的时候阳气就逐渐虚弱了，汗孔也开始闭合。

（3）虚则补之，实则泻之。

【译】属虚的病症要用补法，属实的病症要用泻法。

（4）风雨寒热不得虚，邪不能独伤人。

【译】风雨寒热如果不是遇到身体虚弱，就不能单独伤害人体而致病。

229 **实**【實】shí

n./adj. excess; solid, full　坚实，充实；充满的，有余的，与“虚”（空虚）相对。邪气亢盛有余的病症，称为“实证”。

（1）食下，则肠实而胃虚。

【译】食物再下行，肠充实了，而胃中就空虚了。

（2）邪气盛则实，精气夺则虚。

【译】邪气亢盛为实证，精气不足为虚证。

（3）余闻虚实以决死生，愿闻其情。

【译】我听说根据病情的虚实可以判断患者的死生，我想听听其中的道理。

知识拓展

中医里的虚实

中医讲的“虚”是指人体的正气不足，包括精微物质的缺乏，如血虚、阴虚、津液虚，以及脏腑功能的低下，如脾虚、肾虚等。虚还可以指脉象虚弱无力，或者患者自觉虚弱。虚证是以正气不足为矛盾主要方面，以机体功能衰退为主要病理变化的病症。

中医讲的“实”是指邪气亢盛，这种邪气既可以是从外感受的六淫等外邪，也可以是由于脏腑功能失调而产生的气滞、血瘀、痰饮水湿和食积、虫积等。“实”还可以指脉象充实有力。实证是由邪气亢盛所表现出来的病症。

在临床上，虽然也有单纯的虚证和实证，但是更多的却是虚实夹杂的情况。

Xu and *Shi* in Traditional Chinese Medicine

Xu in traditional Chinese medicine means the deficiency of the healthy *qi*. It includes the deficiency of nutritious essences such as blood, *yin* and fluid, and the low functioning of internal organs such as spleen and kidneys. *Xu* is also manifested by a weak pulse or the general weakness the patient feels. The main pathogenic factor for the syndrome of *xu* is the deficiency of the healthy *qi*, and the main symptom is the hypofunction of the organism.

Shi means the existence of excessive pathogenic *qi* inside the body, which can be the six pathogenic factors from the outside or the stagnation of *qi* or blood and the accumulation of phlegm, fluid, food or parasites due to the imbalanced functioning of internal organs. *Shi* can also be used to describe a strong pulse. The syndrome of *shi* is a manifestation of excessive pathogenic *qi*.

Though individual cases of *xu* or *shi* are found in clinical practices, in most cases the two coexist with each other.

230 夹杂【夾雜】jiāzá

v. be mixed up with　混杂，掺杂，指两个以上的因素同时存在。如虚实夹杂，就是指在疾病的过程中，身体正气的亏虚和邪气的亢盛同时存在。

虚实夹杂之证，可攻补兼施。

【译】对于正虚和邪实同时存在的病症，可以将攻邪和补正两种治疗方法结合在一起使用。

第六篇 治疗、护理与养生

医 疗 药 本草 方 剂 针 灸 刺
按摩 推拿 养 法 汗 吐 和 下
温 清 消 补 攻 泻 破 祛 痊愈
利 滋 煎煮 熬 疏通 服 知

231 医【醫】yī

❶ v. treat, cure　治病，医治，指采用手段治疗疾病的行为。

（1）中医医人，下医医病。

【译】中等水平的医生是把患者作为一个整体去医治，而下等水平的医生只是针对人的疾病去医治。

❷ n. doctor, medical practitioner　医生，治病的人，掌握治疗疾病的知识和技术，施行治疗手段的人。

（2）愚医治之，不知补泻，不知病情。

【译】技术低劣的医生在诊治的时候，不能恰当地运用补泻的治法，又不了解病情。

❸ n. medicine, medical science and technology　指关于疾病治疗的技术、科学。如医学、西医、中医。

（3）为人子者，不可不知医。

【译】作为子女，不可以不懂得医学。

（4）医以济世，术贵乎精。

【译】医学是治病救人的科学，医疗技术要以精湛为追求的目标。

232 疗【療】liáo

v. treat, cure　医治。如治疗、疗程、疗效。

上以疗君亲之疾，下以救贫贱之厄。

【译】上可以治疗君主和家人的疾患，下可以解救贫困的百姓于危难。

233 药【藥】yào

❶ n. medicine, drug　药物，药材，用以治病的物质。中医用来治病的药物称为“中药”，主要是植物药，还有部分动物药和矿物药。

（1）饮食以养生，毒药以治病。

【译】用饮食来保养生命，用药物来治疗疾病。

❷ v. cure with medicine　治疗，医治。

（2）夫病已成而后药之，乱已成而后治之，譬犹渴而穿井，斗而铸锥（zhù zhuī），不亦晚乎！

【译】疾病已经发生再去治疗，混乱已经形成再去治理，就好像口渴了才去挖井，到战场上再铸造兵器，不是太晚了吗？

知识拓展

药物的四气五味与归经

中药的“四气五味”是中药药性理论的基本内容之一。四气指药物有寒、热、温、凉四种不同的药性，又称四性；五味指药物有酸、苦、甘、辛、咸五种不同的药味。每味中药的四气五味不同，因而治疗作用也不同。四气五味理论最早见于《神农本草经·序录》：“药有酸咸甘苦辛五味，又有寒热温凉四气。”书中以四气配合五味，共同标明每味药的药性特征，开创了先标明药性，后论述药物功效及主治病证的本草编写体例，奠定了以四气五味理论指导临床用药的基础。

归经也是中医药的特色之一。归，即归属，指药物作用的归属；经，即人体的脏腑经络。归经，即药物作用的定位，就是把药物的作用与人体的脏腑经络密切联系起来，以说明药物作用对机体某部分的选择性，从而为临床辨证用药提供依据，如杏仁归肺经，甘草归脾经等。

The Four *Qi* and Five Flavors of Medicines and the Channels They Enter

The concept of four *qi* and five flavors is a fundamental component of the theories of Chinese herbal medicine. The four *qi* means that herbs have four basic properties—cold, hot, warm and cool; and the five flavors refer to the five kinds of tastes of herbs—sour, bitter, sweet, acrid and salty. Herbs with different properties and flavors have different effects. The theory of four *qi* and five flavors originally appeared in the preface of *ShenNong BenCao Jing* (*Shen Nong's Classic of the Materia Medica*). In this classic, the four *qi* along with the five flavors are used together to describe the properties of each herb. This book was the first one in marking the properties of herbs before explaining their functions and effects and the diseases they are used for, which established the mode for compiling medical books and laid the foundation for using the theory of four *qi* and five flavors to guide clinical medication.

The theory of *gui jing* (correspondence between medicines and channels) is also a distinctive feature of Chinese herbal medicine. *Gui* means pertaining, and *jing* refers to the internal organs and channels of the body. This theory is about location. It relates the functions of herbs to internal organs and channels of the human body and describes the selective functions of herbs on certain parts of the body, thus providing an important reference for clinical prescription. For example, almond enters into the lung channel, and liquorice root enters into the spleen channel.

234 本草 běncǎo

n. herbs “本”指植物的根 (roots of plants)；“草”指泛指植物

(plants)。“本草”是中药的统称。因此中药药物学又叫做“本草学”，中药专著被称为“本草书”，中药史被称为“本草史”。

（1）药有玉石草木虫兽，而直言本草者，为诸药中草类最众也。

【译】中药有矿物、植物、动物，而直接称为本草，是因为在中药里面植物药最多。

（2）本草者，医药之用也。

【译】本草具有医治疾病的作用。

235 方 fāng

❶ n. direction, principle　方向，方位，如西方、北方。中医也指治病应该遵循的准则、方法。

（1）审知阴阳，刺之有方。

【译】审察知道疾病的阴阳性质，针刺治疗时才有可以遵循的方法。

（2）余闻九针，上应天地四时阴阳，愿闻其方。

【译】我听说九针能与天地四时阴阳相应合，愿意听听其中的方法。

❷ n. prescription, formula　药方，处方，方剂。

（3）治有缓急，方有大小。

【译】治疗疾病的方法有缓有急，处方也有大有小。

236 剂【劑】jì

❶ n. prescription　方剂，指中药配方、处方。

（1）如是者，可将以甘药，不愈，可饮以至剂。

【译】这种证候，只能用甘药调补，若不愈，可饮用对此病更好的药剂，病可渐愈。

❷ m. dose 临床用药的计量单位，亦作“副、付”，如一剂药即一副药、一付药。一剂药物的量称为“剂量”。

（2）治之以兰，一剂知，二剂已。

【译】可用兰草治疗，服一剂药能见到效果，服二剂病就好了。

237 针【針】zhēn

❶ n. needle 柄长而细、头部尖锐的物体称为针。中医用特制的针具作为针刺治疗的主要工具，现代通常用金属制成。

（1）九针之宜，各有所为；长短大小，各有所施。

【译】九种针具，各有不同的作用；它们或长或短，或大或小，分别适用于不同的病症。

（2）毒药治其内，针石治其外。

【译】用药物治疗内在的疾患，用针和砭石治疗外在的疾患。

（3）凡用针者，虚则实之，满则泄之，宛陈则除之，邪胜则虚之。

【译】凡用针时，虚弱者使之充实，胀满者则用泻法，气血郁结则用破法，邪气胜则使之虚弱。

❷ v. treat with acupuncture 针刺，指用针刺入身体以治疗疾病；也指用针刺治疗疾病的方法。

（4）正指直刺，无针左右。

【译】刺入时，要对准腧穴，端正直刺，不可偏左或偏右。

238 灸 jiǔ

v. treat with moxibustion 火灸，借助灸火的热力，刺激身体的特定部位或腧穴，以治病、防病的一种方法。火灸的材料很多，但多以艾为主，所以常称“艾灸”。

（1）药之不及，针之不到，必须灸之。

【译】针刺和药物治疗不能发挥作用的病症，应该用灸法来治疗。

（2）陷下则灸之。

【译】正气下陷的病症，可以用灸法治疗。

（3）针所不为，灸之所宜。

【译】针刺治疗不能起效，就适宜用灸法。

239 刺 cì

❶ v. prick, puncture 用尖长的武器刺杀敌人，用尖锐的东西扎入物体。医学上指用针扎进身体以治疗疾病。

（1）病之起始者，可刺而已。

【译】疾病初起时，可通过针刺而获愈。

（2）凡刺胸腹者，必避五脏。

【译】凡是针刺胸腹部时，必须避开五脏。

（3）刺之要，气至而有效。

【译】针刺的要诀，需要气至才能见效。

❷ n. prickle, something prickly 像刺一样的物体。

（4）热极者，舌起芒刺。

【译】体内热邪炽盛，舌面会出现芒刺。

240 按摩 ànmó

v. massage 按 (press)，按压；摩 (rub)，揉摩。用手或器械，采用特定的手法，在患者身体的某些部位或腧穴进行按压、揉摩，以增进健康、预防和治疗疾病，这样的方法称为按摩疗法，简称按摩。

（1）按摩勿释，着针勿斥，移气于不足，神气乃得复。

【译】按摩的时间久一些，针刺时不要向里深推，使气移于不足之处，神气就可以平复。

（2）病生于不仁，治之以按摩、醪（láo）药。

【译】对于肢体神经感觉有障碍、麻木不仁的病症，可以用按摩和药酒治疗。

241 推拿 tuīná

v. massage 推 (push)，指用手指或手掌，在人体的一定部位或者穴位用力向一个方向推动；拿 (pinch)，指用拇指和食、中指，或用拇指和其余四指的指腹，用力捏紧身体的皮肉、筋脉，就像提起来东西一样。用推和拿这样的方法来增进健康、预防和治疗疾病称为推拿疗法，简称推拿。推拿与按摩的手法及作用接近，所以“推拿按摩”常连用，也可相互替换。

242 养【養】yǎng

v. nourish, maintain 本义是养活，使能生活下去，在中医学里有保养、培养的意思，如养生。

（1）春夏养阳，秋冬养阴。

【译】在春夏季节保养阳气以适应生长的需要，在秋冬季节保养阴气以适应收藏的需要。

（2）春养肝，秋养肺。

【译】春季要注意保养肝，秋季要注意保养肺。

（3）南方者，天地之所长养。

【译】南方是自然界万物生长繁育的地方。

知识拓展

养生

养生是中医特色内容之一。“生”指生命，“养”指保养、调养、补养。“养生”就是保养生命的意思，即通过各种方法颐养生命、增强体质、预防疾病，从而达到延年益寿的目的。中医养生是指在中医理论的指导下，对人体进行科学的调养，包括饮食养生、情志养生、环境养生、体操养生等内容。

Health Preservation

Yang Sheng, health preservation, is an important part of traditional Chinese medicine. *Sheng* means life. *Yang* means preservation. *Yang sheng* means taking good care of life or health preservation, namely improving the quality of life, improving the physical constitution and preventing diseases using various approaches. The ultimate goal is to prolong one's life span. Health preservation in traditional Chinese medicine particularly refers to the practices of scientifically nursing the organic body under the guidance of traditional Chinese medical theories, such as keeping a healthy diet, maintaining healthy emotions, improving environment and doing exercise in a proper way.

243 法 fǎ

❶ n. method　办法，方法。

（1）邪在表者，当用汗法治之。

【译】邪气在身体表层的病症，应当用发汗的方法治疗。

❷ v. follow the law (way) of　取法，效法。

（2）上古之人，其知道者，法于阴阳，和于术数。

【译】上古时代的人，那些懂得养生之道的，能够效法天地阴阳的变化，符合养生的大伦。

（3）法于往古，验于来今。

【译】取法古代的经验，并在现在的临床实践中去验证。

244 汗 hàn

❶ n. sweat, perspiration　汗液，参见第 92 字“汗”。

❷ n./v. method to induce perspiration; induce perspiration 中医治疗八法之一，指通过发汗的方法解除身体肌表的邪气，称做“汗法”，适用于邪气在肌表的情况。

其在皮者，汗而发之。

【译】邪气在表皮，可以采用发汗的方法发散邪气。

245 吐 tù

v. vomit, throw up 使吐出，指用药物或物理刺激的方法，引起患者的呕吐反应，从而将体内偏于上部（如食道、胃、呼吸道）的宿食、痰涎或者误食的有毒物质从口腔吐出体外的治疗方法，称为“吐法、涌吐”。吐法是中医治疗疾病的八种主要方法之一，在较早的古代使用较多，后来逐渐减少。

病在膈上宜吐。

【译】疾病出现在膈上的位置时适宜用呕吐的方法。

246 和 hé

❶ adj. harmonious 本义是声音相应，音乐和谐，引申为和谐、协调。中医强调人与自然的和谐、人与社会的和谐，以及人体自身的阴阳调和。

（1）凡病，阴阳自和者，必自愈。

【译】各种疾病，如果阴阳自然调和，就自然可以痊愈。

（2）胃不和则卧不安。

【译】胃的功能不调和，睡眠就不能安稳。

❷ n./v. method to harmonize; harmonize 中医治疗八法之一，指通过和解、调和以治疗疾病的方法，称做“和法”。这种方法常常是针对病邪的位置在半表半里，或者病证中既有寒又有热，既有虚又有实，或是气血不和、脏腑功能不协调的情况。如和解少阳、和解表里、调和气血、疏肝和胃，等等。

247 下 xià

❶ n. the lower part 位置在低处，与“上”相对。如四肢中的下肢、三焦中的下焦等。

（1）清阳出上窍，浊阴出下窍。

【译】清阳之气从上部的窍（如眼、耳、鼻、口）而出，浊阴之气从下部的窍（如前后二阴）而出。

（2）伤于风者，上先受之；伤于湿者，下先受之。

【译】风邪通常人体上部先感受到，湿邪则相反，人体下部先感受到。

❷ adj. low 引申为地位、等级在后的，如下医。

（3）十全为上，十失一，次之；十失二，次之；十失三，次之；十失四为下。

【译】十个病人全部都能看好的是上等的医生，有一个没有看好的次一等，有两个没有看好的又次一等，有三个没有看好的再次一等，有四个没有看好的就是下等的医生了。

❸ n./v. purgation; purge 中医治疗八法之一，指运用具有泻下作用的药物，使停留于胃肠中的积滞如宿食、大便、瘀血、痰饮及寒热邪气等，从下窍而出，以祛除邪气的治疗方法，称做“下法”，如攻下、泻下。包括寒下、温下、润下、峻下逐水等。

（4）外证未解者，不可下；诸虚者，不可下。

【译】在外的表邪没有解除，不能采用攻下的治法；各种虚弱的证候，也不能采用攻下的治法。

（5）伤寒下之不厌迟，温病下之不厌早。

【译】伤寒邪气侵袭人体，需要入里化热才使用攻下法，所以采用攻下的治法不嫌迟；温热邪气侵袭人体，化热最快，所以采用攻下的治法不嫌早。

248 温【溫】wēn

❶ adj. warm　温暖，温热。温热性质的邪气，称作“温邪”；由温热邪气引起的急性发热性疾病称为“温病”，简称“温”。

（1）夫春温、夏热、秋凉、冬寒，四时之序也。

【译】春季温和，夏季炎热，秋季凉爽，冬季寒冷，这是四时天气的秩序。

（2）病痰饮者，当以温药和之。

【译】患痰饮疾病的，应当用温热的药物来治疗。

（3）冬伤于寒，春必病温。

【译】冬天被寒气所伤，到了来年的春天就要发生温病。

❷ n./v. method to warm; warm up　中医治疗八法之一，指运用具有温热性质的药物或方法，祛除体内的寒邪，补充人体的阳气，从而治疗寒性病症的方法，称做“温法”。包括祛除寒邪、温补阳气、温通经络、温阳利水等。

（4）清者温之。

【译】清冷性质的疾病，要采用温法治疗。

249 清 qīng

❶ adj. clear　水液清澈，与“浊”相对。中医学认为水液清澈是有寒无热的征象。

（1）诸病水液，澄彻清冷，皆属于寒。

【译】各种水液疾病，如果水液清澈而冷，都属于寒证。

❷ v. defecate　从大便排泄，拉。如清便、清谷（大便排泄的是未经消化的食物）、清脓血等。

❸ n./v. method to clear; clear away　中医治疗八法之一，即运用寒凉性质的药物或方法，清除体内的火热邪气，以治疗热性病症的方法，称做“清法”。如清热泻火、清热解毒、

清热凉血等。

（2）温者清之。

【译】温热性质的疾病，要采用清法治疗。

250 **消** xiāo

❶ n./v. method to resolve; resolve, dissipate 中医治疗八法之一，指通过消食导滞和消坚散结的办法，使人体内因为气、血、痰、食、水、虫等聚合而成的有形结块缓慢消散的治疗方法。

结者消之。

【译】有形邪气积结的病变，要用消散的方法治疗。

❷ v. decline 消减，减少，参见第22字“消”。

251 **补**【補】bǔ

v. nourish, replenish, strengthen 补充、补足，如补血、益气。“补”字也常常与“益”字连用作“补益”。补益即补充、增加、增强的意思。用补益的手段治疗疾病的方法称为“补法”或“补益法”。补法是中医常用的重要的治疗方法之一，用于补充人体正气的不足，或增强脏腑的机能，常用于治疗虚弱性质的病症。虚证有气虚、血虚、阴虚、阳虚等不同，所以补法也有补气、补血、补阴、补阳的不同。

虚者补之，损者益之。

【译】虚损的病症，应该采用补益的方法治疗。

知识拓展

八法

中医讲的“八法”是中医在辨证论治原则指导下的八种基本治疗大法的总称，即汗（发汗的方法）、吐（催吐的方法）、和（和解的方法）、下（攻下的方法）、温（温热的方法）、清（清热的方法）、消（消导的方法）、补（补益正气的方法）。八法各适用于相应的病症，“汗法”适用于邪气在肌肤的病症，“吐法”适用于邪气在膈以上的病症，“和法”适用于寒热错杂、虚实夹杂或邪在少阳的病症，“下法”适用于邪气在肠道的病症，“温法”适用于寒证，“清法”适用于热证，“消法”适用于有形邪气积结的病症，“补法”适用于正气虚弱的病症。

Eight Methods

The eight methods in traditional Chinese medicine refer to the eight basic methods of treatment under the guidance of the theories of syndrome differentiation. It includes the sweating method, the emetic method, the harmonizing method, the purgative method, the warming method, the clearing method, the resolving method and the tonifying method. The eight methods are applied for their corresponding syndromes respectively. The sweating method is used for the pathogenic *qi* in skin and muscles. The emetic method is applied for the pathogenic *qi* above diaphragm; the harmonizing method is suitable for problems caused by the mixture of cold and heat or the mixture of deficiency and excess or for the pathogenic *qi* in *shaoyang* channel; the purgative method is used for problems in intestines; the warming method is applied for the syndrome of cold; the clearing method is used for the syndrome of heat; the resolving method is used to remove visible accumulation and stagnation of the pathogenic *qi*; and the tonifying method is used for problems caused by weak healthy *qi*.

252 攻 gōng

v. attack, expel　本义是攻打，中医把用药物攻击病邪、驱逐邪气以治疗疾病的方法称为“攻法”，是中医的主要治法之一。中医八法中的汗法、吐法和下法都属于攻法，一般适用于实证。

（1）毒药攻邪，五谷为养。

【译】药物攻逐病邪，五谷充养身体正气。

（2）粗工凶凶，以为可攻，故病未已，新病复起。

【译】粗率的医生错误地认为可以应用攻法，以致原有的疾病没有治好，反而增添了新病。

253 **泻**【瀉】xiè

❶ v. flow swiftly, have diarrhea　液体快速流动，医学上指体液或液态物质的流泻。如腹泻、泄泻。

（1）湿盛则濡泻。

【译】湿气太盛，就会出现泄泻的病症。

（2）五脏藏而不泻，六腑泻而不藏。

【译】五脏贮藏精气而不泻出，六腑传送、泻出糟粕而不贮藏。

（3）白术（zhú）健脾止泻。

【译】白术具有健脾胃、止腹泻的作用。

❷ v. purge, quench　用泻的方法治疗疾病。

（4）中满者，泻之于内。

【译】邪在中而有胀满症状的，可用消导理气的方法，从内部化解。

（5）虚则补之，实则泻之。

【译】属虚的病症要用补法治疗，属实的病症要用泻法治疗。

254 **破** pò

v. break　破坏，破碎，攻破，中医指用药物或其他手段击破积结、坚结的邪气。如破气、破血、破积。

（1）枳实破气。

【译】枳实具有将结气破开的作用。

（2）坚紧者，破而散之。

【译】脉象坚紧是邪气盛实之象，可用破坚散结的方法治疗。

255 祛 qū

v. expel　消除，驱散，除去，使用药物或其他手段驱赶、除去身体的邪气。

（1）扶正祛邪。

【译】扶助正气，祛除邪气。

（2）苍术祛风除湿。

【译】苍术具有祛散风邪，除去湿气的作用。

256 痊愈 quányù

v. heal, fully recover　指疾病好转，恢复健康，或者伤口、疮口愈合。“痊”、“愈”都指病好了，恢复健康，既可以分开使用，也可以连起来使用。此外，“愈”还有“使……痊愈”的意思。

川芎（xiōng）愈风，半夏化痰。

【译】中药川芎擅长治愈风邪引起的疾病，半夏则擅长化痰。

257 利 lì

❶ n. diarrhea　病症名。指腹泻，常形容大便像水一样的腹泻，又称“下利”。

（1）太阳病，桂枝证，医反下之，利遂不止。

【译】太阳病，本是桂枝汤证，应用汗法治疗，医生反而误用下法，导致了下利不止的变证。

❷ v. make smooth, flow fluently　顺利，通利；使……顺利，使……通利。如“利关节”指使关节活动顺利，“利血脉”指使血液流动顺利。

（2）血不利则为水。

【译】血液流通不顺利就会导致水肿。

（3）诸有水者，腰以下肿，当利小便。

【译】各种水肿病，凡是腰以下水肿的，应当采用通利小便的方法。

258 滋 zī

v. nourish, replenish 增益，补充，尤其指补充阴、血、津液等属于阴性的物质，以使人体恢复滋润的状态。如滋阴养血、滋阴补肾、滋补肝血等。

治中消者，宜清其胃，兼滋其肾。

【译】治疗中消的疾病，适宜清胃热，同时滋补肾阴。

259 煎煮 jiānzhǔ

v. decoct, boil 煮，将固体物质放入水中加热，如煮药；中医“煎”指将不含固体物质的液体加热，如去滓重煎、空煎。“煎、煮”两字现在既可以分开用，也常常连起来用，其意思相同，都是指将中药饮片加水后加热，中药煎煮以后获得的药液称为“药汤”或“汤药”。

煎药之法，不可不讲。

【译】煎药的方法很重要，一定要讲究。

知识拓展

中药煎煮方法

中医治病使用最多的方法就是中药煎汤。煎药前，先将药物放在不锈钢或搪瓷、陶瓷容器内，按要求加适量冷水，待药物浸透后再上火煎煮，这样有利于药物有效成分的充分煎取。在药液煮沸后，一般宜改用微火，以免药液溢出及过快煎干。煎药时不宜频频打开锅盖，以尽量防止气味走失，减少挥发成分的外溢。对于气味芳香的药物，如薄荷，宜用“后下”，即等其他药物煎煮一段时间后再放进容器，煎 4~5 分钟即可，以防挥发性的有效成分丢失。第一次煮出的药汁叫做“头煎”，第二次煮出的药汁叫做“二煎”。

Method of Decocting Chinese Herbs

Decoction is the most popular way to use herbs in China. Before decocting, put the herbs into a container made of stainless steel, enamel or ceramic. Add a proper amount of cool water to soak the herbs completely before decocting them. By this way, it is easy to get the effective ingredients fully decocted. Boil it at a high temperature first, and then at low temperature to avoid the overflowing or drying up of the liquid. During the decocting process, don't open the container frequently lest the volatile compounds may evaporate and be lost. For an aromatic herb such as mint it is better to put it into the liquid after the other herbs in the prescription have been decocted for a while and decoct it for 4-5 minutes to avoid the loss of effective volatile compounds. The first decoction is called "*tou jian* (头煎)", and the second "*er jian* (二煎)".

260 熬 áo

v. simmer, braise, decoct　本义是利用加热的方法烤干、煎干，如熬牡蛎，即用火炮制牡蛎。引申意义与“煎、煮”大致相近，“熬药、煎药、煮药”的意思也是一样的。

261 疏通 shūtōng

v. unblock, dredge　清除阻塞，使水流或交通畅通。人体的经络、血脉、水道也如同河流一样，需要清除阻塞，保持畅通，所以中医把运用各种治疗方法，使气、血、水液流行畅通称为“疏”，或称为“通”，也称为“疏通”。

（1）疏肝理气。

【译】疏通肝气，使之畅通无阻。

（2）通则不痛，痛则不通。

【译】气血通畅则不会有疼痛，疼痛多是由于气血不通畅所导致的。

262 服 fú

v. take, eat, drink 服用，食用。如服药、服食。

医不三世，不服其药。

【译】医生如果没有学习三世之书（即《黄帝针经》、《素女脉诀》和《神农本草》），就不能轻易服用他开的药。

知识拓展

中药服法

一般汤药常规服法为一日一剂，分早上、中午和晚上三次服，或早、晚二次服，一次服 150~200 毫升，一般要求空腹、温服。病情较重的情况下也可一剂药一次服完，即“顿服”。有时也可以或根据病情的需要，采取少量多次服药的方法，即“频服”。如果病重，可以一日服两剂药，甚至三剂药。若服药后出现呕吐现象，可嚼少许陈皮或生姜，或少量频服。

Administration of Chinese Herbs

Generally, one agent is for one day and is taken orally three times (in the morning, at noon and in the evening) or two times (in the morning and evening) a day, with 150-200 ml of it for each time. Generally, a patient is required to take the warm decoction on an empty stomach. For severe cases, one agent can be taken at one time, which is called “*dun fu* (administered at one draught)”. Sometimes, the decoction can be taken in small amounts for more times in a day depending on the patient’s condition, which is called “*pin fu* (administered frequently)”. For critical cases, 2-3 agents can be taken in one day. If sickness or vomiting happens after the administration, chew some prepared tangerine peel or fresh ginger, or take the decoction in less amount each time and more times in a day.

263 知 zhī

v. be aware of, know, feel　服药以后感知到疗效。

一剂知，再剂愈。

【译】服第一剂药以后就有疗效，服第二剂药以后疾病就痊愈了。

索引

[说明]

索引中按词条拼音的首字母划分，每个字母下按正文出现顺序排列，在词条的右边注明出现页码，多次出现时页码以“；”隔开。

E

F

G

H

J

Z

图书在版编目（CIP）数据

中医基础字词一点通 / 徐静主编. — 北京：北京语言大学出版社，2013重印
（来华留学生专业汉语学习丛书．中医汉语系列）
ISBN 978-7-5619-3318-3

Ⅰ.①中…　Ⅱ.①徐…　Ⅲ.①中国医药学－汉字－对外汉语教学－教材 ②中国医药学－汉语－词汇－对外汉语教学－教材　Ⅳ.①H195.4

中国版本图书馆 CIP 数据核字（2012）第 155451 号

书　　名：中医基础字词一点通
　　　　　ZHONGYI JICHU ZICI YIDIANTONG
责任印制：汪学发

出版发行：北京语言大学出版社
社　　址：北京市海淀区学院路 15 号　　邮政编码：100083
网　　址：www.blcup.com
电　　话：发行部　82303650 / 3591 / 3651
　　　　　编辑部　82303647 / 3592 / 3395
　　　　　读者服务部　82303653 / 3908
　　　　　网上订购电话　82303668
　　　　　客户服务信箱　service@blcup.com
印　　刷：保定市中画美凯印刷有限公司
经　　销：全国新华书店

版　　次：2012 年 7 月第 1 版　　2013 年 3 月第 2 次印刷
开　　本：787 毫米 ×1092 毫米　1/32　印张：5.125
字　　数：139 千字
书　　号：ISBN 978-7-5619-3318-3 / H · 12099
定　　价：30.00 元

凡有印装质量问题，本社负责调换。电话：010-82303590